进阶式对外汉语系列教材
A SERIES OF PROGRESSIVE CHINESE TEXTBOOKS FOR FOREIGNERS

成功之路 2
ROAD TO SUCCESS

冲刺篇
LOWER ADVANCED

主　编　邱　军
副主编　彭志平
执行主编　赵冬梅
编　著　王又民

北京语言大学出版社
BEIJING LANGUAGE AND CULTURE
UNIVERSITY PRESS

图书在版编目（CIP）数据

成功之路.冲刺篇.第2册/邱军主编；王又民编著.
—北京：北京语言大学出版社，2008.12（2022.2重印）
ISBN 978-7-5619-2248-4

Ⅰ.成… Ⅱ.①邱… ②王… Ⅲ.汉语—对外汉语教学—教材
Ⅳ.H195.4

中国版本图书馆CIP数据核字（2008）第185813号

书　　名：	成功之路·冲刺篇（第二册）
版式设计：	冯志才
责任印制：	邝　天

出版发行：	北京语言大学出版社
社　　址：	北京市海淀区学院路15号　邮政编码：100083
网　　址：	www.blcup.com
电　　话：	发行部 82303650/3591/3648
	编辑部 82303647
	读者服务部 82303653
	网上订购电话 82303908
	客户服务信箱 service@blcup.com
印　　刷：	北京印迪数码科技有限公司
经　　销：	全国新华书店

版　　次：	2008年12月第1版　2022年2月第8次印刷
开　　本：	889毫米×1194毫米　1/16　印张：课本14.5／练习答案0.75
字　　数：	277千字
书　　号：	ISBN 978-7-5619-2248-4/H·08237
定　　价：	68.00元

凡有印装质量问题，本社负责调换。电话：82303590

目 录

7 治理沙化 ……………………………………………… 1

背景阅读与练习　　　　　　　　　　　　　　　1

课文：罗布泊——消逝的仙湖　　　　　　　　　8

词语讲解与练习　　　　　　　　　　　　　　　16

　　词语例释：人为、扩展、养育、号称、介入

　　词语辨析：增添、增加，开采、开掘，急剧、急速，伴生、共生

语法讲解与练习：承接复句　　　　　　　　　　27

修辞提示与练习：排比　　　　　　　　　　　　31

表达与写作　　　　　　　　　　　　　　　　　34

扩展空间　　　　　　　　　　　　　　　　　　35

8 女性话题 ……………………………………………… 36

背景阅读与练习　　　　　　　　　　　　　　　36

课文：女性话题二则　　　　　　　　　　　　　42

词语讲解与练习　　　　　　　　　　　　　　　49

　　词语例释：极、致使、颇、亦、必将

　　词语辨析：参与、参加，体谅、体贴，性情、性格，本性、天性

语法讲解与练习：转折复句　　　　　　　　　　60

修辞提示与练习：婉言　　　　　　　　　　　　64

表达与写作　　　　　　　　　　　　　　　　　66

扩展空间　　　　　　　　　　　　　　　　　　67

9 人与动物 68

    背景阅读与练习   68

    课文：一个永远忘不了的真实故事   76

    词语讲解与练习   83

        词语例释：描述、亲身、不得已、丰满、无从

        词语辨析：高超、高明，出神、凝神，炎热、火热，报答、回报

    语法讲解与练习：让步复句   96

    修辞提示与练习：叠音   101

    表达与写作   103

    扩展空间   104

10 国画大师 105

    背景阅读与练习   105

    课文：大师齐白石的传奇人生   112

    词语讲解与练习   121

        词语例释：充、局限、相关、加深、过问

        词语辨析：激励、激发，变更、变革，摸索、寻找，

                诙谐、滑稽、幽默

    语法讲解与练习：并列复句   134

    修辞提示与练习：对偶   138

    表达与写作   140

    扩展空间   141

11 学子访谈 ... 143

- 背景阅读与练习　143
- 课文：当代大学生的婚恋观　149
- 词语讲解与练习　156
  - 词语例释：探讨、爱慕、填补、强加、截然
  - 词语辨析：新颖、新鲜，储备、储存，拥有、具有，气质、气度
- 语法讲解与练习：目的复句　169
- 修辞提示与练习：设问句和反问句　173
- 表达与写作　176
- 扩展空间　177

12 心灵关怀 ... 178

- 背景阅读与练习　178
- 课文：汗血马尾　184
- 词语讲解与练习　193
  - 词语例释：小心翼翼、顾不得、总算、坚、小看
  - 词语辨析：蕴藏、埋藏，汇集、聚集，奔腾、奔驰，美妙、美好
- 语法讲解与练习：二重复句　205
- 修辞提示与练习：夸张　208
- 表达与写作　211
- 扩展空间　212

词语索引 ... 213

7 治理沙化

背景阅读与练习

 一 限时阅读，按要求回答问题　　　　　 限时：8分钟

（1）三北防护林体系工程是正在中国西北、华北和东北西部地区实施的一项宏伟的生态建设工程，它是中国林业发展史上的伟大壮举，是人类历史上规模最宏大、时间跨度最长的一次改造自然的行动。地跨包括中国北方13个省（自治区、直辖市）的551个县（旗、市、区），建设范围东起黑龙江省的宾县，西至新疆维吾尔自治区乌孜别里山口，总面积406.9万平方公里，占国土面积的42.4%，接近中国的半壁河山。

（2）历史上的三北地区曾经森林广被、草原肥美，22个民族在这片辽阔的土地上繁衍生息，为中华民族的历史谱写了光辉的篇章。后来，由于人口增加、刀耕火种、战争及统治者大兴土木，人类活动对生态环境的破坏加剧，致使三北地区森林越来越少，植被越来越稀，大面积的森林与草原沦为裸地，黄土高原的"民以板为室"也变成了"民以窑而居"。植被的破坏导致了越来越严重的土地沙漠化、水土流失和干旱。从新疆到黑龙江，

八大沙漠①、四大沙地②绵延连片,形成了一条万里风沙线。沙漠、戈壁和沙漠化土地总面积达149万平方公里。黄土高原水土流失面积已占这一地区总面积的90%,在黄河下游的有些地段河床高出堤外地面3~5米,成为地上"悬河"。恶劣的生态环境使三北地区人民长期处于贫穷落后的境地,严重制约了这一地区的经济和社会发展,也成为制约中华民族生存发展的心腹大患。

(3) 1978年11月,国务院批准了在三北地区建设大型防护林工程,并特别强调:中国西北、华北及东北西部,风沙危害和水土流失十分严重,木料、燃料、肥料、饲料俱缺,农业生产水平低而不稳。大力种树种草,特别是有计划地营造带、片、网相结合的防护林体系,是改变这一地区农牧生产条件的一项战略措施。并把这项工程列入了国民经济和社会发展的重点项目。这一重大决策符合三北地区的实际情况和各族人民的强烈愿望,得到了广大干部群众和当地驻军的积极拥护和热烈响应,在国际国内社会引起了强烈反响。英国《泰晤士报》称赞这一规划构想宏伟,将成为人类历史上征服自然的壮举!

(4) 按照工程建设总体规划,该项工程分三个阶段,八期工程,用七十三年完成,共需造林3560万公顷。在保护现有森林植被的基础上,采取人工造林、封山封沙育林和飞机播种造林等措施,实行乔、灌、草结合,带、片、网结合,多树种、多林种结合,建设一个功能完备、结构合理、系统稳定的大型防护林体系,使三北地区的森林覆

---

① 中国的八大沙漠分别是:
塔克拉玛干沙漠,位于新疆,是世界第二大流动沙漠,面积33.76万平方公里;
古尔班通古特沙漠,位于新疆准噶尔盆地中部,面积4.88万平方公里;
库姆达格沙漠,位于新疆南部东端,面积1.95万平方公里;
柴达木沙漠,位于青海柴达木盆地,面积3.49万平方公里;
巴丹吉林沙漠,位于内蒙古高原西南,面积4.43万平方公里;
腾格里沙漠,位于内蒙古,面积4.27万平方公里;
乌兰布和沙漠,位于河套平原西南,面积1.15万平方公里;
库布齐沙漠,位于内蒙古鄂尔多斯高原北部,面积1.86万平方公里。

② 中国的四大沙地分别是:
浑善达克沙地,位于内蒙古锡林郭勒草原,面积2.38万平方公里;
科尔沁沙地,位于西辽河中下游,面积5.06万平方公里;
毛乌素沙地,位于内蒙古鄂尔多斯高原东南部,面积3.21万平方公里;
呼伦贝尔沙地,位于内蒙古呼伦贝尔高原,面积近1万平方公里。

盖率由 5.05% 提高到 14.95%，沙漠化土地得到有效治理，水土流失得到基本控制，生态环境和人民群众的生产生活条件从根本上得到改善。

（5）伴随着中国的改革开放，三北防护林体系工程已取得了举世瞩目的成就。全面超额完成三北防护林体系建设第一阶段的规划任务，二十三年间累计造林保存面积 2203.72 万公顷。这些树木成林后，三北地区的森林覆盖率从 5.05% 提高到 9% 以上。重点治理区的环境质量有了较大改善，生态效益、经济效益和社会效益明显，有力地促进了农村经济的发展和人民生活水平的提高。

（6）三北防护林体系建设工程是一项利在当代、功在千秋的宏伟工程，不仅是中国生态环境建设的重大工程，也是全球生态环境建设的重要组成部分。其建设规模之大、速度之快、效益之高均超过美国的"罗斯福大草原林业工程"、前苏联的"斯大林改善大自然计划"和北非五国的"绿色坝工程"，在国际上被誉为"中国的绿色长城""世界生态工程之最"。1987 年联合国环境规划署授予三北防护林建设局"全球 500 佳"奖章。日本还将三北防护林工程写进了小学教科书。1989 年邓小平同志为三北防护林体系工程题词"绿色长城"。

（7）21 世纪是三北防护林体系建设的攻坚期、决战期。按照总体规划，整个工程需要再经过两个阶段 50 年的建设。这期间，不仅要保护、巩固和提高现有造林成果，还要在自然条件最严酷、地理条件最恶劣的"硬骨头"地带攻坚造林 1400 万公顷，才能全面建成三北防护体系。当前，以布局和结构调整为主线，走大工程带动大发展，实现跨越式发展的思路已经明确，系统整合后的六大林业生态工程进一步突出了三北工程的主体地位和作用，这为肩负着优化和改善中国北方半壁河山生态环境的三北防护林体系建设带来了新的机遇。

（有删改）

判断正误（正确的画"√"，错误的画"×"）

1. 三北防护林体系工程是人类历史上规模最大的一次利用大自然与保护大自然的行动。（ ）
2. 历史上的三北地区先后有 22 个民族在这片辽阔的土地上生活过。（ ）
3. 越来越严重的土地沙漠化导致了植被的破坏。（ ）
4. 黄土高原人民以前"以窑而居"，现在变成了"以板而室"。（ ）
5. 黄河下游的有些地段河床高出堤外地面 3～5 米。（ ）
6. 目前三北地区的森林覆盖率已经达到 14.95%。（ ）
7. 工程完成后，沙漠化土地将得到有效治理，水土流失也将得到基本控制。（ ）
8. 按照总体规划，整个工程需要有两个阶段的建设。（ ）
9. 今后要在自然条件最严酷、地理条件最恶劣的地区造林 1400 万公顷。（ ）
10. 三北防护林体系建设对改善中国南方生态环境起到直接的作用。（ ）

根据上下文，写出变色词语在文章中的大概意思

1. 三北　_____
2. 半壁河山　_____
3. 悬河　_____
4. 俱　_____
5. 反响　_____
6. 硬骨头　_____

选择正确答案

1. 第 1 自然段主要介绍的是：（ ）
   A. 三北防护林体系工程进行的时间
   B. 三北防护林体系工程实施的范围
   C. 三北防护林体系工程设计的方案
   D. 三北防护林体系工程完成的内容

2. 第 2 自然段中告诉了我们什么？（ ）
   A. 历史上的三北地区没有很好的植被
   B. 三北地区有四大沙漠、八大沙地

治理沙化 7

C. 黄土高原有90％的面积水土流失

D. 黄河下游已经成为地上"悬河"

3. 下边哪条与文章内容不符合？　　　　　　　　　　　　　　　　　　　　（　　）

　　A. 1978年11月，国务院批准了在三北地区建设大型防护林工程

　　B. 三北地区大型防护林工程是国民经济和社会发展的重点项目

　　C. 建设大型防护林工程要解决三北地区风沙危害和水土流失问题

　　D. 农业生产低而不稳加重了三北地区风沙灾害和水土流失的趋势

4. 三北防护林工程建设总体规划的目标是：　　　　　　　　　　　　　　　（　　）

　　A. 完成造林面积3560万公顷

　　B. 森林覆盖率提高到5.05％

　　C. 用人造林代替原有森林植被

　　D. 提高三北在全国的主体地位

5. 文章中哪一段主要讲了三北防护林体系工程的实施方法？　　　　　　　　（　　）

　　A. 第3自然段　　　　B. 第4自然段

　　C. 第5自然段　　　　D. 第6自然段

二　阅读后按逻辑关系排列顺序

A. 致使月牙泉出现了水位大幅度下降和水面严重萎缩的现象

B. 党河是月牙泉唯一的补给来源，这条河距月牙泉最近的距离为3.5公里

C. 另外，从20世纪60年代后期起，随着敦煌盆地人口的增加和社会经济的发展，人们超量开采地下水资源

D. 为了提高党河水资源的利用率，1975年10月修建了党河水库，河水全部被引进水库，水库下游的河床因此断流，这导致了地表水渗入地下的水量减少

重新排序＿＿＿＿＿＿＿＿＿＿＿＿＿＿＿＿＿＿

三 阅读后按要求回答问题

向沙漠进军

沙漠逞强施威,所用的武器是风和沙。风沙的进攻主要有两种方式。一种可以称为"游击战"。狂风一起,沙粒随风飞扬,风愈大,沙的打击力愈强。春天四五月间禾苗刚出土,正是狂风肆虐的时候,一次大风沙袭击,可以把幼苗全部打死,甚至连根拔起。沿长城一带风沙大的地区,农民常常要补种两三次才能有点儿收获。另一种可以称为"阵地战",就是风推动沙丘,缓缓前进。沙丘的高度一般从几米到几十米,也有高达100米以上的。沙丘的前进并不是整体移动的。当风速达到每秒5米以上的时候,沙丘迎风面的沙粒就成批地随风移动,从沙丘的底部移到顶部,过了顶部,由于风速减弱,就在背风面的坡上落下。所以部分沙粒的移动虽然相当快,每天可以移动几米到几十米,可是整个沙丘波浪式地前进移动速度并不快,每年不过5~10米。几个沙丘常常连在一起,成为沙丘链。沙丘的移动虽然慢,可是所到之处,森林全被摧毁,田园全被埋葬,城市变成废墟。

抵御风沙袭击的方法首先是培植防护林。防护林的主要作用是减小风的力量,风遇到防护林,速度就可以减低70%~80%。到距离防护林等于林木高度20倍的地方,风又恢复原来的速度。所以防护林必须是并行排列的许多林带,两列之间的距离不要超过林木高度的20倍。其次是培植草皮。有了草皮覆盖地面,即使有风,刮起的沙也不多,这就减少了沙粒的来源。

抵御沙丘进攻的方法也是植树种草。中国沙荒地区,有一部分沙丘已经长了草皮和灌木,不再转移阵地了。这种固定的沙丘,只要能妥善保护草皮和灌木,防止过度砍伐和任意放牧,就可以固定下来。根据近年治沙的经验,陕北榆林、内蒙古磴口、甘肃民勤地区的流动沙丘,表面干沙层的厚度一般不超过10厘米。10厘米以下，水分含量逐渐增大，到40厘米的深处，水分含量达到20%以上，这就是湿沙层了。湿沙层的水分足够供应固定沙丘的植物的需要。所以在流动沙丘上植树种草，是可以成活的。林木和草粒成长以后，沙丘就可以固定下来了。

仅仅防御风沙袭击，固定沙丘阵地，还只是采取守势，自然是不够的。征服沙漠最主要的武器是水。无论植树还是种草，土壤中必须有充足的水分。所以要取得向沙漠进军的胜利，必须有充足的水源。

从文章可以看出防御风沙袭击，固定沙丘阵地应该采取哪些办法？（不超过100个字）

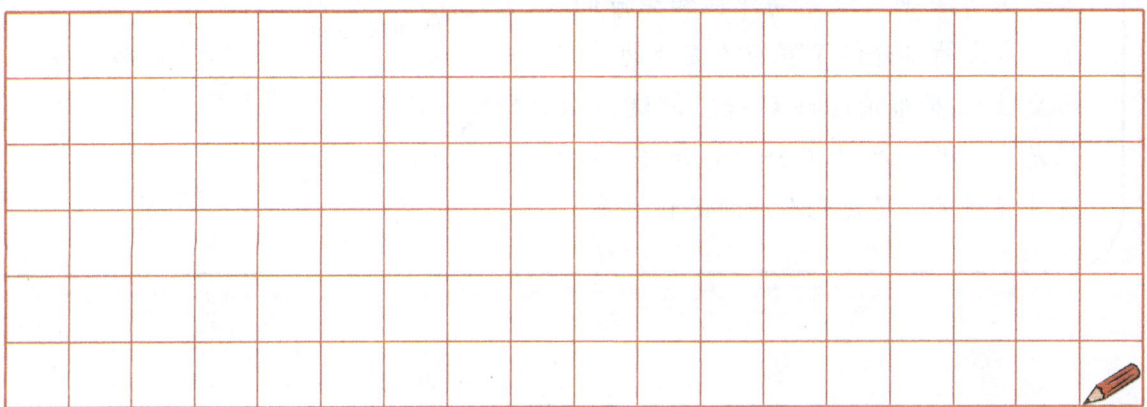

讨论题

1. 沙漠是怎样逞强施威的？
2. 沙丘是怎样前进的？
3. 要制伏沙漠应该采取哪些方法？

课 文

课文导读

"罗布泊"一直是一个神秘的名字,代表着一块神秘的土地。今天的罗布泊是一片戈壁滩,给人的印象就是不毛之地。但是从罗布泊的"泊"字来看,这里一定曾经拥有过充满绿色和生命的盛景。本文简单介绍了罗布泊变迁的过程,历史上的罗布泊绿林环绕、河流清澈,但是人类几十年的不科学的开发,使得这片绿洲变成了荒无人烟的死亡沙漠。

思考题

1. 你认为适合人类生存的地方应该具备哪些条件?
2. 我们人类应该怎样利用、开发和保护大自然?
3. 你知道世界上有哪些有名的沙漠,那里的情况怎么样?

罗布泊①——消逝的仙湖

吴刚

塔克拉玛干沙漠②边缘有个罗布泊。自20世纪初瑞典探险家斯文·赫定③闯入罗布泊,它才逐渐为人所知。

1980年,中国著名的科学家彭家木在那里进行科学考察时失踪,16年后,探险家余纯顺又在那里遇难,更给罗布泊增添了几分神秘色彩。

---

① 罗布泊:地名。蒙古语称罗布诺尔,意为"汇入多水之湖"。古称蒲昌海、盐泽、洛普池、泑泽。位于新疆塔里木盆地东部,若羌县北部。
② 塔克拉玛干沙漠:"塔克拉玛干",维吾尔语意为"进去出不来"。位于新疆维吾尔自治区南部,塔里木盆地中部,东西长约1000公里,南北宽约400公里,是中国最大的沙漠。
③ 瑞典探险家斯文·赫定(Sven Anders Hedin,1865-1952):从事50年的探测活动,曾多次进入中国新疆、西藏、内蒙古等地搜集有关地质、古生物、考古、动物、气象等方面的资料,对中国塔里木河改道与罗布泊迁移的遗迹进行观测。著有《戈壁沙漠横渡记》《浪迹无定湖泊》(指罗布泊)等。

7 治理沙化

罗布泊，一望无际的戈壁滩，没有一棵草，一条溪，夏季气温最高可达70℃。罗布泊，天空中不见一只鸟，没有任何飞禽敢于穿越。

可是，从前的罗布泊并不是沙漠。在遥远的过去，那里是牛马成群、绿林环绕、河流清澈的生命绿洲。

罗布泊，"泊"字左边是三点水啊！

翻开有关西域的历史书籍，你会惊异于罗布泊的热闹繁华。

《汉书·西域传》①记载了西域36国在欧亚大陆广阔腹地画出的绵延不绝的绿色长廊，夏季走入这里与置身江南无异。昔日塔里木盆地②丰富的水系滋润着万顷绿地。当年张骞肩负伟大历史使命西出阳关，当他踏上这片想象中荒凉萧瑟的大地时，却被它的美丽惊呆了。映入张骞眼中的是遍地的绿色和金黄的麦浪，从此，张骞率众人开出了著名的丝绸之路③。

另据史书记载，在4世纪时，罗布泊水面超过20万平方公里。到了20世纪还有1000多平方公里水域。斯文·赫定在20世纪30年代进罗布泊时还乘着小舟。他坐着船饶有兴趣地在水面上转了几圈，站在船头四下远眺，感叹这里的美景。回国后，斯文·赫定在他那部著名的《亚洲腹地探险八年》一书中写道：罗布泊使我惊讶，罗布泊像座仙湖，水面像镜子一样，在和煦的阳光下，我乘舟而行，如神仙一般。在船的不远处几只野鸭在湖面上玩耍，鱼鸥及其他小鸟欢愉地歌唱着……

被斯文·赫定赞誉过的这片水域于20世纪70年代完全消失，罗布泊从此成了令人恐惧的地方。

罗布泊的消亡与塔里木河有着直接关系。

塔里木河全长1321公里，是中国第一、世界第二大内陆河。据《西域水道记》记载，20世纪20年代前，塔里木河下游河水丰盈，碧波荡漾，岸边胡杨丛生，林木苗壮。1925年至1927年，由于人为原因塔里木河改道向北流入孔雀河汇入罗布泊，导致塔里木河下游干旱缺水，三个村庄的310户村民逃离家园，耕地废弃，沙化扩展。1952

---

① 《汉书·西域传》：《汉书》是东汉班固撰写的一部断代史，主要记载了汉高帝刘邦元年（公元前206年）至王莽地皇四年（公元23年）二百三十年的历史。《西域传》是《汉书》中的一篇，篇中对西域一些城邦和部落的治所、人口数目、军队数目、物产、距离长安多远、与中原地区的物质文化交流等作了较详细的记载。

② 塔里木盆地：中国最大的内陆盆地。在新疆维吾尔自治区南部，天山和昆仑山、阿尔金山之间。面积53万多平方公里，气候干燥。

③ 丝绸之路：古代横贯亚洲的交通道路。西汉以后中国内地大量丝织品经甘肃、新疆，越过葱岭，运往西亚、欧洲各国。这条交通大道被称为"丝绸之路"。

年塔里木河中游因修筑轮台大坝,又将塔里木河河道改了过来,塔里木河下游生态环境这才得以好转。胡杨枝重吐绿叶,原来废弃的耕地长出了青草,这里变成了牧场。

问题出在近30多年。塔里木河两岸人口激增,水的需求也跟着增加。扩大后的耕地要用水,开采矿藏需要水,水从哪里来？人们拼命向塔里木河要水。几十年间在塔里木河流域修筑水库130多座,任意掘堤修引水口138处,建抽水泵站400多处,有的泵站一天就要抽水1万多立方米。

盲目增加耕地用水,盲目修建水库截水,盲目掘堤引水,盲目建泵站抽水,"四盲"像个巨大的吸水鬼,终于将塔里木河吸干了,使塔里木河的长度由20世纪60年代的1321公里急剧萎缩到现在的不足1000公里,320公里的河道干涸,以致沿岸5万多亩耕地受到威胁。断了水的罗布泊成了一个死湖、干湖。罗布泊干涸后,周边生态环境马上发生变化,草本植物全部枯死,防沙卫士胡杨林成片死亡,沙漠以每年3~5米的速度向湖中心推进。罗布泊很快与广阔无垠的塔克拉玛干大沙漠浑然一体。

罗布泊消失了。

金秋十月,我站到了位于新疆巴音郭楞自治州的塔里木河大桥上。放眼望去,塔里木河两岸的胡杨林似一道绿色的长城。

胡杨,维吾尔语称做"托克拉克",意为"最美丽的树"。胡杨林是牲畜天然的庇护所和栖息地,马、鹿、野骆驼、鹅喉羚、鹭鸶等百余种野生动物在林中繁衍生息,林中还伴生着甘草、骆驼刺等多种沙生植物,它们共同组成了一个特殊的生态体系,营造了一个个绿洲,养育着南疆750余万各族儿女。

如此重要的胡杨林因塔里木河下游的干涸而大面积死亡。1958年,塔里木河流域有胡杨林780万亩,现在已减少到420万亩。伴随着胡杨林的锐减,塔里木河流域土地沙漠化面积从66%上升到84%。"沙进人退"在塔里木河下游变成现实,至罗布庄一带的库鲁克库姆与世界第二大沙漠塔克拉玛干沙漠合拢，疯狂地吞噬着夹缝中的绿色长城，从中穿过的218国道①已有197处被沙漠掩埋。

我们沿塔里木河向西走出200公里后，绿色长城突然从眼中消失。塔里木河两岸的胡杨林与两边的沙地成了一个颜色。由于缺水，长达数百公里的绿色长城在干渴中崩塌。

号称千年不死的胡杨林啊，在忍受了20余年的干渴后终于变成了干枯的"木乃伊"。那奇形怪状的枯枝、那死后不愿倒下的身躯，似在表明胡杨在生命最后时刻的挣扎与痛苦，又像是在向谁伸出求救之手！

再向前，我们到了罗布泊的边缘。同来的同志告诉我，再也不能向前走了。若想进入罗布泊，至少要有两辆汽车，必须备足食品和水。我们只得钻出汽车，将目光投向近在咫尺的罗布泊。

站在罗布泊边缘，会突然感到荒漠是大地裸露的胸膛，大地在这里已脱尽了外衣，露出自己的肌肤筋骨。站在罗布泊边缘，你能看清那一道道肋骨的排列走向，看到沧海桑田的痕迹，你会感到这胸膛里深藏的痛苦与无奈。

罗布泊还能重现往日的生机吗？我问自己。

此时此刻，我们停止了说笑。那一片巨大的黄色沙地深深地刺痛着我们的心，使我们个个心情沉重。30年在历史的长河中只是一瞬。30年前那片胡杨茂密、清水盈盈的湖面就在这一瞬间内从我们的眼中消失了。

这出悲剧的制造者是人！

悲剧并没有止住。同样的悲剧仍在其他一些地方上演。

---

① 国道：由国家统一规划修筑和管理的干线公路，一般跨省和直辖市。

世界著名的内陆湖青海湖①,50年间湖水下降8.8米,平均每6年下降1米,陆地已向湖中延伸了10多公里;数千年风沙未能掩埋的甘肃敦煌月牙泉②,近年来却因当地超采地下水,水域面积从20世纪50年代的1.1652万平方米缩小至5397平方米,水深只剩尺余,大有干涸之势……这一切也都是人为的!

救救青海湖,救救月牙泉,救救所有因人的介入而即将成为荒漠的地方!

(有删改)

思考与回答

1. 罗布泊现在是什么样的地方?

   一望无际　　戈壁滩

2. 罗布泊过去是什么样的地方?

   惊异　　繁华　　绵延不绝　　置身

3. 罗布泊为什么会成为"消逝的仙湖"?

   废弃　　扩展　　掘堤　　急剧

4. 跟罗布泊发生着同样悲剧的地方还有哪些?

   青海湖　　月牙泉　　人为

5. 文中哪些地方用了拟人的修辞手法,哪些地方用了排比的修辞手法,请指出来。

词语

1. 边缘　　biānyuán　　(名)　　沿边的部分。

2. 遇难　　yù nàn　　　　　　　因迫害或发生意外而死亡。

---

① 青海湖:中国第一大咸水湖,位于青海省境内,面积4583平方公里,湖面海拔3195米,最深处为38.2米。

② 敦煌月牙泉:古称沙井,俗名药泉,自汉朝起即为"敦煌八景"之一,得名"月泉晓彻"。月牙泉南北长近100米,东西宽约25米,泉水东深西浅,最深处约5米,形状弯曲如新月,因而得名。

治理沙化

3.	增添	zēngtiān	（动）	加多。
4.	戈壁滩	gēbìtān	（名）	指地面几乎被粗沙覆盖，植物稀少的荒漠地带。
5.	飞禽	fēiqín	（名）	会飞的鸟类，也泛指鸟类。
6.	惊异	jīngyì	（形）	惊奇诧异。
7.	繁华	fánhuá	（形）	（地区）兴旺热闹。
8.	腹地	fùdì	（名）	靠近中心的地区；内地。
9.	置身	zhìshēn	（动）	把自己放在；存身（于）。
10.	无异	wúyì	（动）	没有不同；等同。
11.	滋润	zīrùn	（动）	增添水分，使不干枯。
12.	荒凉	huāngliáng	（形）	人烟少；冷清。
13.	遍地	biàndì	（副）	处处；到处。
14.	金黄	jīnhuáng	（形）	黄而微红略像金子的颜色。
15.	和煦	héxù	（形）	温暖。
16.	玩耍	wánshuǎ	（动）	做使自己精神愉快的活动；游戏。
17.	欢愉	huānyú	（形）	〈书面语〉欢乐而愉快。
18.	丰盈	fēngyíng	（形）	富裕；丰富。
19.	碧波	bìbō	（名）	碧绿色的水波。
20.	荡漾	dàngyàng	（动）	（水波）一起一伏地动。
21.	茁壮	zhuózhuàng	（形）	（年轻人、孩子、动植物）强壮；健壮。
22.	人为	rénwéi	（形）	人造成的（用于不如意的事）。
23.	汇	huì	（动）	（水流）聚集。
24.	废弃	fèiqì	（动）	抛弃不用。
25.	扩展	kuòzhǎn	（动）	向外伸展；扩大。
26.	好转	hǎozhuǎn	（动）	向好的方面转变。
27.	牧场	mùchǎng	（名）	放牧牲畜的草地。
28.	开采	kāicǎi	（动）	挖掘（矿物）。
29.	矿藏	kuàngcáng	（名）	地下埋藏的所有矿物的总称。

30.	掘	jué	（动）	刨；挖。
31.	堤	dī	（名）	沿河、湖或海边的防水建筑物，多用土石等筑成。
32.	立方米	lìfāngmǐ	（量）	体积单位。长、宽、高各1米的立方体的体积为1立方米。
33.	急剧	jíjù	（形）	急速；迅速而剧烈。
34.	干涸	gānhé	（形）	（河道、池塘等）没有水了。
35.	无垠	wúyín	（动）	〈书面语〉辽阔无边；没有边际。
36.	牲畜	shēngchù	（名）	家畜。
37.	庇护	bìhù	（动）	保护人或动物，使其不受侵害。
38.	栖息地	qīxīdì	（名）	鸟类等动物休息的地方。
39.	野生	yěshēng	（形）	生物在自然环境里生长而不是由人饲养或栽培的。
40.	伴生	bànshēng	（动）	一种事物伴随着另一种事物一起存在（多指次要的伴随主要的）。
41.	养育	yǎngyù	（动）	抚养和教育。
42.	锐减	ruìjiǎn	（动）	急剧减少；迅速下降。
43.	合拢	hé lǒng		合到一起。
44.	吞噬	tūnshì	（动）	吞食；并吞。
45.	夹缝	jiāfèng	（名）	两个靠近的物体中间的狭窄空隙。
46.	掩埋	yǎnmái	（动）	用泥土等盖在上面；埋葬。
47.	崩塌	bēngtā	（动）	崩裂而倒塌。
48.	号称	hàochēng	（动）	以某种名号著称。
49.	干枯	gānkū	（形）	草木由于衰老或缺乏营养、水分等而失去生机。
50.	木乃伊	mùnǎiyī	（名）	长久保存下来的没有腐烂的干燥尸体。
51.	裸露	luǒlù	（动）	没有东西遮盖。
52.	胸膛	xiōngtáng	（名）	胸。
53.	生机	shēngjī	（名）	生命力；活力。

54.	茂密	màomì	（形）	（草木）茂盛而繁密。
55.	盈盈	yíngyíng	（形）	形容清澈。
56.	悲剧	bēijù	（名）	比喻不幸的遭遇。
57.	延伸	yánshēn	（动）	延长；伸展。
58.	介入	jièrù	（动）	插进两者之间干预其事。

四字词语

1.	为人所知	wéi rén suǒ zhī	被别人知道。
2.	一望无际	yí wàng wú jì	望不到边际。
3.	绵延不绝	miányán bù jué	连续延长，一直不断。
4.	饶有兴趣	ráo yǒu xìngqù	很有兴趣。
5.	浑然一体	húnrán yìtǐ	形容一个整体，不可分割。
6.	奇形怪状	qí xíng guài zhuàng	形状非常奇特怪异。
7.	沧海桑田	cāng hǎi sāng tián	大海变成农田，农田变成大海，比喻世事变化很大。

专有名词

1.	彭家木	Péng Jiāmù	科学家，原中科院新疆分院副院长。
2.	余纯顺	Yú Chúnshùn	上海人，职业探险者。
3.	张骞	Zhāng Qiān	西汉探险家。成固（今陕西城固）人，开拓丝绸之路第一人。
4.	阳关	Yáng Guān	古关，位于敦煌城西南70公里的"古董滩"上，因在玉门关之阳而得名。西汉王朝时期设置。
5.	巴音郭楞	Bāyīnguōléng	地名，位于今新疆巴音郭楞蒙古自治州。

词语讲解与练习

 词语例释

1. 人为

   形容词 意思是人造成的。

   ◎ 1925年至1927年，由于人为原因将塔里木河改道向北流入孔雀河汇入罗布泊，导致塔里木河下游干旱缺水，……

   ◎ 水深只剩尺余，大有干涸之势……这一切也都是人为的！

   ① 以前的停电是电器事故造成的，这次停电可能有人为的原因。

   ② 经过调查研究，航班延误很多是人为因素造成的。

   ③ 本来只是一般的民间纠纷，却被人为地复杂化、政治化了。

   📖 用做定语或状语，多用于不如意的方面。

   动词 意思是人去做。

   ④ 当人们奋力扑灭大火之后发现，这把火竟是人为所致。

   ⑤ 你先不要说你做不了，事在人为嘛。

   📖 用做谓语，强调人的作用方面。

2. 扩展

   动词 意思是向外伸展；扩大。

   ◎ 三个村庄的310户村民逃离家园，耕地废弃，沙化扩展。

   ① 由于市区发展空间有限，居民住宅建设正不断向城市外围扩展。

   ② 公司经营规模越来越大，许多新业务开始扩展到了海外。

   ③ 他们把展台设在国际展览中心新扩展的展馆大厅入口处，以吸引过往的参观者。

   📖 用做谓语，常用的格式为"向……扩展""扩展到……"；也可用做定语。

3. 养育

动词 意思是抚养和教育。

◎ 它们共同组成了一个特殊的生态体系，营造了一个个绿洲，养育着南疆750余万各族儿女。

① 这条大河滚滚东流，世世代代养育着两岸的人民。

② 在婚礼上以感谢信的方式向含辛茹苦养育自己的父母致以谢意是一种很好的形式。

③ 年轻歌手用歌声来倾吐对培养他、养育他的家乡人民的感激之情。

📖 一般用做谓语，后常跟"着"，表示动作持续或始终存在；也可用做定语。

4. 号称

动词₁ 意思是因为某方面很出名被称为。

◎ 号称千年不死的胡杨林啊，在忍受了20余年的干渴后终于变成了干枯的"木乃伊"。

① 研究人员在云南帽天山发现的世界珍稀生物——桃花水母，号称"水中大熊猫"。

② 他所生活的那座城市号称"诗城""文化绿洲"，到处都能看到诗社和文化馆在组织活动。

③ 南张庄在剪纸方面有着悠久的历史，这个庄子号称中国剪纸第一村。

📖 用在句中，一般对所描述的内容有肯定的意味。

动词₂ 意思是名义上。所宣称的内容、能力、条件和真实的情况常不一致。

④ 这家公司号称与国外机构合作办理国际驾照，但实际根本没有合法手续。

⑤ 根据媒体报道，一家非法销售号称外国进口红外人体测温仪的公司被查封。

⑥ 工商检察部门发现，那个商业大厦仍在搞号称"只在周末"才有的促销活动。

📖 此类句中使用"号称"，一般对号称后边所描述的内容不赞成或者评价不积极。

5. 介入

动词 意思是插进两者之间进行干预。

◎ 救救青海湖，救救月牙泉，救救所有因人的介入而即将成为荒漠的地方！

① 对于这个案件，公安局已经派出精干力量全力介入侦查。

② 朋友劝我做期货贸易，但我一直忙出口生意没有时间介入。

③ 提高全体国民的法律和公德意识，减少矛盾和纠纷，这样就可以节约社会和法律介入的成本。

📖 含积极参与其事的意味，常用做谓语。

名词 指插进两者之间进行干预的情况。

④ 出版界向海外市场发展的竞争异常激烈，而一些熟悉海外出版情况的文化公司和"海归派"的介入，使得这种竞争变得更加激烈。

⑤ 新话剧更趋于戏剧情节和戏剧手段的介入和融合。

📖 常指积极参与其事的情况。

二 词语辨析

1. 增添　增加

增添

◎ 16年后，探险家余纯顺又在那里遇难，更给罗布泊增添了几分神秘色彩。

① 医生鼓励的话语增添了他战胜病魔的勇气与信心。

② 孩子不在家的日子父母增添了对他的牵挂。

③ 家庭养花的确为人们的生活增添了雅致和乐趣。

④ 道路施工，给这个地区的居民出行增添了一些不便。

⑤ 游园会上的相声表演，为人们的节日生活增添了更多的笑声与欢乐。

增加

◎ 塔里木河两岸人口激增，水的需求也跟着增加。

⑥ 病人不配合，给医疗救治工作增加了难度。

⑦ 这个村子每户每年仅庭院经济就增加收入上千元。

⑧ 据统计，今年参加旅游的人数比去年增加了三成。

⑨ 城乡居民收入持续增加。

异同归纳		增添	增加
同	词性	动词	
	词义	在原有的基础上加多。	
	句法功能	都可作谓语。	
异	词义侧重	着重表示情感或心理感受方面的添加。 例①②③	着重表示在原数量、程度基础上加多。 例⑥⑦⑧
	搭配对象	一般与表示感受动作行为的词语搭配。	一般与表示程度及事物数量方面的词语搭配。
	句法功能	及物动词，要带宾语。例①②③④⑤	可以不带宾语。 例⑨

2. 开采　开掘

开采

◎ 扩大后的耕地要用水，开采矿藏需要水，水从哪里来？

① 这起煤矿特大责任事故是违规开采造成的。

② 这里土地资源的破坏主要表现为盲目开垦土地和非法开采矿藏。

③ 当地政府规定，农用地下水年开采量要控制在10亿立方米以内。

开掘

④ 石油公司勘探队在沙漠地区北部开掘出一口油井。

⑤ 为了沟通南北交通运输,古代人们开掘了京杭大运河。

⑥ 他的散文在题材的选取、内容的开掘上呈现出与一般"记者散文"不同的个性。

⑦ 这部作品对人物的精神领域作了更深层次的开掘。

⑧ 他们觉得应该从古代仕女人物画上开掘出属于自己的艺术天地。

异同归纳			开采	开掘
同	词性		动词	
	词义		表示用工具从地下取出埋藏的东西。	
	句法功能		都可作谓语。	
异	词义侧重		侧重于开发以被利用。对象主要是矿物、地下水等。　　　例①②③	侧重于"挖",使东西露出。可以是矿物,　　　　　　　　　例④ 也可以是河道、洞穴等,　　例⑤ 还可以是文学、艺术作品的深层意义。　　　　　　　　例⑥⑦⑧
	词义范围		用于挖掘矿物,不用于文艺创作方面。	可用于文艺创作方面,指对题材、人物思想、现实生活等进行深入探索和充分表达。　　例⑥⑦⑧
	搭配对象		违规、非法、大量……　　例①② 矿石、煤矿……　课文例句、例①②	油井、矿井、运河……　　例④⑤ 深层次、深入、进一步……　例⑦
	句法功能			可用做名词。　　　　　　例⑥⑦

3. 急剧　急速

急剧

◎ "四盲"像个巨大的吸水鬼,终于将塔里木河吸干了,使塔里木河的长度由20世纪60年代的1321公里急剧萎缩到现在的不足1000公里,……

① 人口的迅速增长和经济的急剧发展给环境保护工作提出了新的课题。

② 本市旧机动车交易量急剧增加。

③ 各大百货商场西装、风衣、牛仔服等服装销售额急剧攀升。

④ 与传统农业文明相适应的传统民间艺术正在急剧消亡，应该引起我们大家的关注。

急速

⑤ 这箱子是从一辆急速行驶的大货车上掉下来的。

⑥ 一个人从我身后急速追了上来。

⑦ 热气球失去了控制，急速向高空飞去。

⑧ 国内数字影像的市场需求正在急速膨胀。

异同归纳		急剧	急速
同	词性	形容词	
	词义	都有快速的意思。	
	句法功能	一般都作状语，修饰谓语。	
异	词义侧重	侧重迅速而剧烈，指态势快速变化或数量快速增减。　例①②③④	侧重速度快，常形容人快速奔跑或行使工具飞速运动。　例⑤⑥⑦
	搭配对象	发展、变化、增加、萎缩、攀升、消亡……　　　　　　　　例①②③④	行驶、追赶、飞、膨胀……　　　　　　　　　　　例⑤⑥⑦⑧

4. 伴生　共生

伴生

◎ 林中还伴生着甘草、骆驼刺等多种沙生植物，它们共同组成了一个特殊的生态体系，营造了一个个绿洲，养育着南疆750余万各族儿女。

① 许多国际大都市在经济发展的同时伴生着交通拥挤、生态环境质量下降等通病。

② 铀矿的开发利用一般会伴生着放射性污染，这个问题应当引起重视。

③红树林的伴生植物主要有海刀豆等。

④通过对这里的湖泊、沙漠、冰川伴生现象的研究可以了解全球环境变化的情况。

共生

⑤科技文明是人类创造力的集中体现，也是世界各民族智慧和多种文化交汇共生的结晶。

⑥当今世界政治、经济的发展需要多元共生的文化生态环境。

⑦这个展览所要突出表现的主题是人与自然的共生关系。

异同归纳		伴生	共生
同	词性	动词	
	词义	都有事物共同生存的意思。	
异	词义侧重	多指次要的伴随主要的生存。	指事物不分主次，互相利用，共同生存。
	搭配对象	可与"植物""矿物"等搭配，构成专业名词。　　　　　例③	环境、关系……　　　　　例⑥⑦
	句法功能	多作谓语。　　　　　例①②	多作定语。　　　　　例⑤⑥⑦

 三　词语搭配

1. 增添

～的烦恼　　　　～设备　　　　～一些

～的信心　　　　～勇气　　　　～不少

～的色彩　　　　～麻烦　　　　～了很多

2. 扩展

～的范围　　　　向外～　　　　～土地

~的领域　　　　大力~　　　　　~空间
~的程度　　　　积极~　　　　　~思路

3. 开采

~(的)方法　　　进行~　　　　　~石油
~(的)时间　　　准备~　　　　　~矿石
~(的)范围　　　值得~　　　　　~黄金

4. 养育

辛苦~　　　　　计划~　　　　　~子女
尽心~　　　　　开始~　　　　　~儿孙
好好~　　　　　进行~　　　　　~后代

四 练习

(一)模仿例子组成新词

例如：牧场　农场　会场　操场　球场
　　　开采　开掘　开发　开辟　开挖

1. 荒凉　荒___　荒___　荒___　荒___
2. 扩展　扩___　扩___　扩___　扩___
3. 好转　好___　好___　好___　好___
4. 矿藏　矿___　矿___　矿___　矿___
5. 推进　推___　推___　推___　推___
6. 急剧　急___　急___　急___　急___
7. 养育　养___　养___　养___　养___
8. 悲剧　悲___　悲___　悲___　悲___
9. 牧场　___场　___场　___场　___场
10. 泵站　___站　___站　___站　___站

(二) 选择适当的词语填空

> 增添　增加　开采　开掘　急剧　急速　伴生　共生

1. 目前旧机动车交易市场的日交易量_____增加。
2. 精彩的节目为人们的业余生活_____了许多欢乐。
3. 马路旁边约有十多米的栏杆被一辆_____行驶的汽车撞倒。
4. 城市盲目开发建设_____出环境、交通、自然生态等许多新问题。
5. 中国的传统文化一直强调_____、和谐、宽容和秩序。
6. 要对_____放射性矿的放射性污染防治进行监督检查。
7. 由于经济形势很好，大多数行业的利润明显_____了。
8. 私营、个体投资增长的潜力还有待进一步_____。

(三) 选择适当的四字词语填空

> 为人所知　一望无际　绵延不绝　浑然一体　奇形怪状　沧海桑田

1. 这种景观式公交站与周围的环境_____，显示出设计者的巧妙构思。
2. 站在山顶放眼望去，_____的长城像长龙一样随着山势伸向远方。
3. 船在_____的大海上航行着，好像永远走不到尽头似的。
4. 山洞里到处是_____的石头，它们引起了大家的好奇。
5. 那个古老的村子坐落在沙漠中心，所以不_____。
6. 面对这里发生的巨大变化，人们不由生出_____的感叹。

(四) 为四字词语选择适当的位置

1. 一望无际

   深蓝的天空中挂着一轮 A 金黄的圆月，B 的田地里，种着 C 碧绿 D 的西瓜。　　　　　　　　　　　　　　　　　　　　　　　　（　　）

2. 绵延不绝

   他坐在 A 海边 B，望着海面 C 波浪 D，此起彼伏。　　　　　　（　　）

治理沙化 7

3. 浑然一体

这幅 A 山水画里的苍山 B 气势雄壮，巨石和老松与大山 C，是 D 那样的和谐。（　　）

4. 奇形怪状

沿着山路来到 A 一块平地，那里散落着 B 许多 C 的石头，有的像蛙 D，有的像狗，还有的像狮子。（　　）

5. 沧海桑田

世界 A 经历了 B 的巨变 C，人类和其他生物才 D 进化成今天这个样子。

（　　）

(五) 用指定词语完成句子

1. 这座城市新建了几处大型的居民住宅区，同时＿＿＿＿＿＿＿＿＿＿＿＿
＿＿＿＿＿＿＿＿＿＿＿＿＿＿＿＿＿＿＿＿＿＿＿＿＿＿＿＿＿＿＿。（增添）
2. 经过大夫的精心治疗，＿＿＿＿＿＿＿＿＿＿＿＿＿＿＿＿＿＿。（好转）
3. 一场经济危机以后，损失最大的是普通民众，＿＿＿＿＿＿＿＿＿＿
＿＿＿＿＿＿＿＿＿＿＿＿＿＿＿＿＿＿＿＿＿＿＿＿＿＿＿＿＿＿＿。（急剧）
4. 随着经济的发展和生活质量的提高，城市和乡村＿＿＿＿＿＿＿＿＿
＿＿＿＿＿＿＿＿＿＿＿＿＿，比如送纯净水、办家庭托老所等等。（伴生）
5. 我成了泳迷，整个夏天每天都去游泳，为了不间断，我把"夏泳"＿＿＿＿
＿＿＿＿＿＿＿＿＿＿＿＿＿＿＿＿＿＿＿＿＿＿＿＿＿＿＿＿＿＿＿。（扩展）
6. 那些拿到世界冠军的运动员，在获得成功以后首先感谢的是＿＿＿＿＿
＿＿＿＿＿＿＿＿＿＿＿＿＿＿＿＿＿＿＿＿＿＿＿＿＿＿＿＿＿＿＿。（养育）
7. 据报道，那个地方要建580米高的建筑，＿＿＿＿＿＿＿＿＿＿。（号称）
8. 那个案件被曝光以后，＿＿＿＿＿＿＿＿＿＿＿＿＿＿＿＿。（介入）
9. 两国关系正常化关系到两国人民的根本利益，所以不要＿＿＿＿＿＿＿
＿＿＿＿＿＿＿＿＿＿＿＿＿＿＿＿＿＿＿＿＿＿＿＿＿＿＿＿＿＿＿。（人为）
10. 走出村庄，眼前是＿＿＿＿＿＿＿＿＿＿＿＿＿＿＿＿＿。（一望无际）

(六)用指定格式完成句子

1. A：你能给我们讲一下罗布泊的历史吗？

   B：_____。（据……记载）

2. A：罗布泊为什么消亡了？

   B：_____。（问题出在……）

3. A："沧海桑田"是什么意思？

   B：_____。（意为……）

4. A：这里的绿化搞得这么好，真不容易呀！

   B：可不是，这是经过几代人的努力，_____。（……才得以……）

(七)下面每句话都画出了ABCD四个部分，请挑出有错误的部分

1. 走进展厅，<u>头顶上是碧蓝的天</u>，<u>脚下是大漠的沙石</u>，<u>四处墙壁是逶迤起伏的沙</u>
   　　　　　　　A　　　　　　　　　　　B　　　　　　　　　　　　C
   丘，<u>人们仿佛身临其境地置于那神秘莫测的荒漠之中</u>。　　　　　　　　　(　　)
   　　　D

2. <u>城市是人口、经济最集中的地方</u>，<u>也环境压力最大的地方</u>。今年世界环境日把建
   　　A　　　　　　　　　　　　　　　　B
   设绿色城市<u>作为重点</u>，<u>充分显示了国际社会对城市环境保护的高度重视</u>。(　　)
   　　　　　　　C　　　　　　D

3. <u>将沙尘暴带来的不利影响降到最低程度</u>，<u>如增加种树种草、绿化荒山</u>，<u>减少土地</u>
   　A　　　　　　　　　　　　　　　　　　　　B
   <u>的裸露和浮尘</u>，<u>以使有风不起沙尘或少起沙尘</u>。　　　　　　　　　　　　(　　)
   　　C　　　　　　　D

4. 每个人的一生各有各的都不同，<u>有的人一生平平淡淡、和风细雨</u>，<u>也有的人一生</u>
   　　　　　　A　　　　　　　　　　　　　　　　　　　　　　　　　　　　　B
   <u>经历丰富</u>、<u>沧海桑田</u>。　　　　　　　　　　　　　　　　　　　　　　　(　　)
   　C　　　　D

5. 多少年来，<u>人们对这个地区一直了解很少</u>，<u>一些中外学者虽然对罗布泊有很大兴</u>
   　　　　　　　A　　　　　　　　　　　　　　　　B
   趣，<u>但真正敢介入该地区探险考察者</u>，<u>却寥寥无几</u>。　　　　　　　　　　(　　)
   　　C　　　　　　　　　　　　　　D

语法讲解与练习

 **一 承接复句**

承接复句的分句述说连续发生的动作或相关事物。分句按照一定的顺序排列，次序不能颠倒。

◎1925年至1927年，由于人为原因将塔里木河改道向北流入孔雀河汇入罗布泊，导致塔里木河下游干旱缺水，……1952年塔里木河中游因修筑轮台大坝，又将塔里木河河道改了过来，塔里木河下游生态环境这才得以好转。

◎塔里木河两岸人口激增，水的需求也跟着增加。

① 这样商定后，人们都觉得松了一口气，于是便开始讨论起解决问题的具体办法来。

② 他刚爬上沙丘，就望到一队骆驼运输队行走在茫茫的沙漠上。

③ 他想了一会儿，然后打开笔记本写了起来。

④ 下班以后，她首先打扫卫生，然后检查门窗是否关好才离开。

承接复句的分句可按时间、空间和事理的一定顺序排列分类。

例如：

◎罗布泊干涸后，（接着）周边生态环境马上发生变化，草本植物全部枯死，防沙卫士胡杨林成片死亡，……

⑤ 人们穿过一片树林，（然后）来到河滩开阔地。

⑥ 他（先）从背包里拿出一张地图，铺在地上，（然后）细心地在上边查找起来。

以上是按时间顺序排列的。

⑦ 大山的深处有一座观测站，一些科学工作者在那儿默默地工作着。

⑧ 房间的门敞开着，屋里弥漫着一股烟味儿，桌上摊着稿纸，稿纸上写着工程建设方案。

📖 以上是按空间顺序排列的。

◎ 翻开有关西域的历史书籍，你会惊异于罗布泊的热闹繁华。

◎ 映入张骞眼中的是遍地的绿色和金黄的麦浪，从此，张骞率众人开出了著名的丝绸之路。

◎ 那一片巨大的黄色沙地深深地刺痛着我们的心，使我们个个心情沉重。

⑨ 湖水滋润着湖边的青草，青草喂肥了羊群，羊奶哺育着这里世世代代的人们。

⑩ 天色暗了下来，无数亮晶晶的星星在广阔的夜空中眨着眼睛。

📖 以上是按事理顺序排列的。

⑪ 他轻轻推开门，蹑手蹑脚地溜了出去。

⑫ 医生掏出听诊器，把冰凉的听筒贴在我的胸脯上听了听。

📖 以上例句中没有使用关联词语，它们是依靠动作或事件的先后顺序排列的。

常用关联词

口语	合用	刚……，就……
	单用	……，才/后来/这才/接着……
书面语	合用	首先……，然后……
	单用	……，然后/便/继而/于是/终于……

治理沙化 7

练习

(一) 选择适当的关联词填空

刚……，就……	……，于是……
首先……，然后……	……，后来……
……，继而……	……，接着……
……，这才……	……，终于……

1. 我们都知道这样一个规则，那就是_____要尊重别人，_____才会得到别人的尊重。
2. 他先把大家的行李都搬下了车，_____去搬自己的行李。
3. 他_____走出机场大厅，_____被一群记者团团围住。
4. 只听轰的一声，灶台上的炒锅烧着了，_____整个餐厅弥漫起刺鼻的烟雾。
5. 听同学说现在电视台正在播放学校的节目，_____我赶快打开电视调到那个频道。
6. 经过三个月的认真复习和准备，他_____获得了汉语水平考试高级证书。
7. 生产电脑元件的工厂发生了火灾，损失严重，_____影响到电脑市场的价格。
8. 他在这家新公司先是一个普通的技术人员，干得非常出色，_____成了公司技术部门的负责人。

(二) 模仿例句，用指定关联词完成句子

1. ……，这才……

    例：1952年塔里木河中游因修筑轮台大坝，又将塔里木河河道改了过来，塔里木河下游生态环境这才得以好转。

    ① 这个周末大家一直在加班，老板看到大家的工作要完了，_____。
    ② 山路非常难走，经常要抓住坡上的草丛树枝才能前行，到了山顶，_____ _____。
    ③ 孩子一直哭闹着要买那个玩具，妈妈答应了他的要求，_____。

2. ……，从此，……

例：映入张骞眼中的是遍地的绿色和金黄的麦浪，从此，张骞率众人开出了著名的丝绸之路。

① 在小王感到最困难的时候，小李伸出热情的手给了小王很大帮助，从此，_____。

② 中国成功发射了载人宇宙飞船，从此，_____。

③ 他大学毕业以后就去国外工作了，从此，_____。

3. ……，接着……

例：船工让大家坐好，把船摇出码头，接着向大家讲起这条河的古老传说。

① 我最近特别忙，总出差，刚从上海回来，接着_____。

② 我们先向那个人打听附近有哪些名胜古迹，接着_____。

③ 他认真地阅读了一遍考卷，_____，接着_____。

4. 首先……，然后……

例：下班以后，她首先打扫卫生，然后检查门窗是否关好才离开。

① 作为老师首先应该教会学生做人、处事，然后_____。

② 望着躺在病床上的张总工程师，我首先告诉他，工程进展一切顺利，请他安心养病，然后_____。

③ 当遇到困难的时候，我们应该首先_____，然后_____。

（三）按逻辑关系排列顺序

1. A. 一些人坐在靠墙的沙发上看着
   B. 房间的门敞开着
   C. 房间中间一些人随着音乐跳舞
   D. 屋里有人影晃动

2. A. 两岸的景物退向船后
   B. 太阳西下

C. 我们的船向前走

D. 青山在黄昏中被染成深黑的颜色

3. A. 除了人为破坏这个原因外

B. 因而使得那里原来的青山绿水变成了荒山、荒坡和沙丘

C. 还有气候干燥等不利的自然因素在起着重要作用

D. 研究结果显示，黄河中游、太行山区环境发生变化

4. A. 一窝小鸟住在里边

B. 确实是做过一个梦的

C. 树上有一个洞

D. 梦见了一棵不高大却很老的树

E. 20年前我还在陕南的乡下

修辞提示与练习

 一　排比

由结构相同，或语气一致的句式组成。有句子成分的排比和句子的排比。

① 她笑得多响亮，多爽朗，多清脆，多甜蜜。

② 十里长坡，一路旌旗，一路战鼓，一路豪情，一路凯歌。

📖 以上是句子成分的排比。

句子的排比，又分单句排比和复句排比。

◎ 盲目增加耕地用水，盲目修建水库截水，盲目掘堤引水，盲目建泵站抽水，"四盲"像个巨大的吸水鬼，终于将塔里木河吸干了。

◎ 救救青海湖，救救月牙泉，救救所有因人的介入而即将成为荒漠的地方！

③ 花长好，月长圆，人长久。

④我梦着楼前的白杨重新长出了浓密的绿叶，我梦着池塘里的荷花重新冒出了淡绿的大叶子，我梦着春天又回到了大地上。

⑤看到好的风景，欣赏到好的电影，听到美妙的音乐，吃到美味的菜肴，——遇到一切美好的东西，你就会情不自禁地想起他，希望与他分享。

以上是单句排比。

⑥朦胧里，山峦静静地睡了！朦胧里，田野静静地睡了！

⑦燕子去了，有再来的时候；

杨柳枯了，有再青的时候；

桃花谢了，有再开的时候。

以上是复句排比。

排比的效果

表达强烈奔放的情感，突出描写的对象，增加语言的气势，加强语言的韵律美，也可以使句式富于变化，具有艺术美。运用时，结构整齐，语气统一，合乎逻辑，层次分明，排列适当。

练习

（一）阅读后指出哪些是排比句

1. 人生总会遇到灾难。其实大多数人早已练就了面对灾难的从容，我们只是还没有学会认识灾难间隙的快活。我们总是太注重提醒自己警觉苦难，却忽视了提醒幸福。请从此注意幸福！幸福也需要提醒吗？

提醒注意跌倒……提醒注意路滑……提醒不要受骗上当……提醒荣辱不惊……先哲们提醒了我们一万零一次，却不曾提醒我们注意幸福。

也许他们认为幸福不提醒也跑不了；也许他们以为好的东西你自会珍惜，犯不上谆谆告诫；也许他们太崇尚血与火，觉得幸福无足挂齿；他们总是站在危崖上，指点我们逃离未来的苦难。但避去苦难之后的时间是什么？

那就是幸福啊！

2. 无论刮多大的风，下多大的雨；无论天气怎样的寒，还是怎样的热；无论家中有什么急事，还是身体不大舒服，瑞宣总不肯请假。假若不得已请了一两个小时的假，他也必定补课，他不肯叫学生在功课上吃一点儿亏。一个真认识自己的人，就没法不谦虚。谦虚使人的心缩小，像一个小石卵，虽然小，但却极结实。结实才能诚实。瑞宣认识他自己。他觉得他的才力、智慧、气魄全没有什么足以傲人的地方，他只能尽可能地对事对人尽到他的心、他的力。他知道在人世间，他尽心尽力的结果与影响差不多等于把一个石子投在大海里，但是他并不肯因此而把石子吝惜地藏在怀中，或随便地掷在一汪儿臭水里。他不肯用坏习气减少他的石子的坚硬与力量。打铃，他马上拿起书上讲堂；打铃，他才肯离开教室。他没有迟到早退、装腔作势的恶习，不到万不得已，他也永远不旷课。上堂教课并不给他什么欣悦，他只是要对得住学生，使自己心中好受。

(二) 完成下列排比句

例如：快乐来自于生活，快乐来自于家人，快乐来自于朋友，快乐来自于自己。

1. 淡淡一点的友情很真。
   淡淡一点的问候很_____。
   淡淡一点的思念很_____。
   淡淡一点的祝福很_____。

2. 如果我是阳光，我将照亮所有的黑暗。
   如果我是清风，我将_____。
   如果我是春雨，我将_____。

表达与写作

● 表达训练

1. 假如你是一位亲眼目睹罗布泊百年沧桑的老人，你将向人们诉说什么？
2. 你认为怎么做才能恢复罗布泊昔日的美丽？
3. 你认为能够既保持良好的自然生态环境，又满足人类生存和持续发展的要求吗？为什么？

● 写作训练

　　课文最后提到青海湖水面下降和月牙泉濒临干涸两个例子，说明悲剧仍在继续。你还知道哪些类似的例子？试写一封公开信，呼吁人们行动起来，制止生态恶化。请举例说明生态恶化的情况及造成的原因，指出其后果，最后写出你的建议。

　　字数：400~450 字；

　　要求：尽量参考并尝试使用课文里的重点词语。突出主题，有条理，注意书写格式和标点。

扩展空间

名家典藏

《向沙漠进军》竺可桢

《中国的环境保护（1996—2005）》白皮书

媒体资源

http：//www.chinaenvironment.com（中国环保网）

《生死罗布泊》（DVD）上海声像出版社出版、发行

词语追踪

三北防护林

8 女性话题

背景阅读与练习

一 限时阅读，按要求回答问题

限时：8分钟

张女士婚前在广告公司上班，结婚后她发现身为内科医生的太太，很难坚持自己的工作。因为丈夫在医院的工作很忙，压力也很大，晚上常常需要值夜班。如果张女士是职业女性，家中的事情谁来照料？孩子谁来照顾？忍痛之下，她辞掉了喜爱的工作。婚姻生活十五年，儿子读到初中，张女士的工作生涯也中断了十五年。目前，张女士生活的重心就是家庭与丈夫的事业。虽然有些遗憾，但是，看到孩子的成长与丈夫的成就，她也颇为满足、骄傲。

随着社会的发展，在中国，像张女士这样的专职太太有逐渐增多的趋势，回归家庭，成为一些女性职业生涯发展的新选择。

就现实的情况来看，毋庸讳言，婚姻状况对女性职业发展影响较男性大得多。女性就业面临的工作角色与家庭角色的冲突是一个十分复杂的现象。同样的职业生涯阶段里，女性和男性不同，比如女性大部分会因为生育而暂时离开职场，有些人甚至可能离开更长的时间。研究表明，女性职业发展模式通常有以下几种：

"倒L型"：其特点是女性参加工作之后，持续工作到退休，结婚生育后女性承担工作和家庭双重责任。如中国大多数女性现在的就业模式。

"倒U型"：其特点是女性结婚前劳动力参与率高，结婚特别是开始生育后参与率迅速下降，反映出传统家庭分工：男性挣钱养家糊口，女性婚后做家庭主妇。如新加坡、墨西哥等国的女性就业模式。

"M型"：其特点是女性婚前或生育前普遍就业，婚后或生育后暂时性地中断工作，待孩子长大后又重新回到劳动力市场。如美国、日本、法国、德国等发达国家的女性就业模式。

"多阶段就业"，即波浪型模式：女性就业是阶段性就业，女性根据自身的状况选择进入劳动力市场的时间，可以多次进出。这种模式是近十年中出现的，如社会福利高的北欧国家已经开始流行这种女性就业模式。

"隐性就业"：女性就业主要在家庭经济中，结婚后女性只是换个家庭工作。家庭中就业一般不被官方纳入就业统计范畴。如较落后的发展中国家的女性就业模式。

总的来说，女性职业发展道路的特点之一是存在"两个高峰和一个低谷"。一个高峰是在女性就业后6~8年的时间，即就业后但未生育前；另一个高峰是在36岁以后的十余年间，此时孩子基本长大或可托人代管，自身精力仍充沛、阅历丰富，女性事业的辉煌时期通常在此阶段。一个低谷在这两个高峰之间，通常是生育和抚养孩子的8年时间。特点之二是就业面窄，发展速度缓慢。特点之三是婚姻状况对女性职业发展道路有决定性的影响，这种影响较男性大得多。

女性就业面临的工作角色与家庭角色的冲突是一个十分复杂的社会问题。国际经验表明，缓解这一冲突需要全社会的共同努力，特别是政府应发挥主导性作用。如大力发展家政服务业，推进家务劳动社会化，倡导男女平等地共同承担家务责任以减轻女性的家务负担，制定有利于女性就业的社会政策，鼓励实行弹性就业制度，改革社会福利制度等。

就女性个体来说，一方面是要根据自己的实际情况，学会维护自己的权益；另一方面要根据自己的特点做好职业发展的规划，将不利因素变为有利因素，提高生活效率，提升生命质量。

一位署名"蓝天"的女士来信谈到："我挺喜欢我的设计专业，结婚不到半年，也许某天开始我会离开一年。当再回来工作的时候，不知道是否能有单位愿意聘我！"笔者认为这里面有三个方面需要注意：一是用人单位应根据《妇女权益保护法》，保证妇女应得的各项权利，女性朋友也应该拿起《妇女权益保护法》作为保护自己获取正当权益的武器。二是既然"蓝天"女士对设计专业感兴趣，那就继续发展这方面的兴趣即可，在暂时离开职场的时候将之视为"沉淀期"和"重新规划期"，这个时候可以给自己一个重新思考人生的机会，正如一句谚语所说的："在冬季学会游泳，在夏季学会

溜冰。"三是一定在暂时离开职场之前就要通过努力地工作和思考，为自己的未来生涯发展有所准备和有一个清晰的规划。这样才能更好地保护女性的利益，发挥她们的才能。

（有删改）

判断正误（正确的画"√"，错误的画"×"）

1. 张女士结婚以前是医院的内科医生。（　　）
2. 孩子上初中以后，张女士又回到了原来的工作岗位。（　　）
3. 女人结婚不利于在工作上得到发展。（　　）
4. 现在结婚的女性离开工作岗位，回归家庭的越来越多。（　　）
5. 墨西哥的女性婚前或生育前普遍就业，婚后或生育后暂时性地中断工作，待孩子长大后又重新回到劳动力市场。（　　）
6. 北欧的女性多根据自身的状况多次选择进入劳动力市场的时间。（　　）
7. 婚姻状况对男性比对女性在职业发展道路上更具有决定性的影响。（　　）
8. 在解决女性就业面临的工作角色与家庭角色的冲突上政府应该发挥主导性作用。（　　）
9. 署名"蓝天"的女士结婚不到半年就离开了她所喜爱的设计工作。（　　）
10. 用人单位和女性朋友都应拿起《妇女权益保护法》保护自己的权利。（　　）

根据上下文，指出变色词语在文章中的大概意思

1. 专职太太 _____
2. 回归家庭 _____
3. 糊口 _____
4. 低谷 _____
5. 弹性就业 _____
6. 沉淀期 _____

选择正确答案

1. 下面哪句不符合张女士的情况？（　　）
   A. 她现在家照顾孩子和丈夫　　B. 她很喜欢原来的那份工作
   C. 丈夫工作很忙，常常值班　　D. 跟丈夫结婚后找不到工作

2. 目前中国大多女性的就业模式是哪种？　　　　　　　　　　　　（　）

   A. "倒L型"　　　　　　　　　　B. "倒U型"

   C. "M型"　　　　　　　　　　　D. "隐性就业"

3. 下面哪句话不符合文章的意思？　　　　　　　　　　　　　　（　）

   A. 就业后未生育前是女性事业发展的高峰

   B. 36岁以后的十多年女性事业最易于发展

   C. 目前女性就业面窄，事业发展速度不快

   D. 女性只结婚不生育是最容易得到发展的

4. 什么对女性职业发展道路有决定性的影响？　　　　　　　　　（　）

   A. 家庭经济　　　　　　　　　　B. 职业爱好

   C. 婚姻状况　　　　　　　　　　D. 社会福利

5. 下边哪条不是作者对署名"蓝天"的女士的建议？　　　　　　（　）

   A. 把离开现职作为重新计划发展的阶段

   B. 运用法律武器去保护自己应得的利益

   C. 应该冬季去学习游泳，提高身体素质

   D. 返回工作前应该定好明确的发展计划

二　阅读后按逻辑关系排列顺序

A. 像王女士这样的女企业家数量正在迅速增加，她们平均年龄在46岁左右，在事业蒸蒸日上的同时，也在透支着自身的健康

B. 最近，某企业中层干部王女士晕倒在办公桌上

C. 其实，王女士患的是"女强人综合症"，她在事业、家庭和孩子上消耗了太多的精力

D. 同事们觉得很奇怪，因为王女士平时给大家的印象总是精力旺盛、身体健康

重新排序　＿＿＿＿＿＿＿＿＿＿＿＿＿＿＿＿＿＿＿＿＿＿＿＿＿＿＿

三 阅读后按要求回答问题

泡上一壶"离婚茶"

一旦男女双方再也不能在一起生活，爱情像融化的冰块一样只剩下一滩水迹的时候，分手是最好的选择。有的人把离婚看作是与敌人拼命，用尽种种手段使对方受伤；有的人把离婚看作是死期，万念俱灰。尽管有"一日夫妻百日恩"的说法，分手却也分得两败俱伤。

我的老家在滇西一个叫诗礼的穷乡僻壤，这里生活着祖祖辈辈与泥土打交道的父老乡亲。他们在红土地上生生不息，恋爱结婚生儿育女，过着苦荞巴巴和面糊的清贫日子。那里的苦日子，使他们中的每一个家庭都面临着婚姻解体的一千种可能。

可是，面对离婚，故乡人没有城里人那样小气。他们虽没有多少文化，可是一旦爱情之舟在现实的沙滩上搁浅，他们既不会大吵大闹，也不会痛不欲生，更不会出口伤人，他们会选择一个吉日，用喝茶的方式解决自己的感情问题，顺其自然地走向各自的下一个生活目标。

这样的茶，叫离婚茶，也叫好说好散茶。你很难从中国茶文化志里读到，但它却实实在在地在滇西上演着，滋润着平淡如水的日子。

选择一个吉日，离婚的双方在村中长辈面前坐定，男女双方谁先提出离婚由谁负责摆茶席，请亲朋好友围坐，主持的长辈会亲自泡好一壶"春尖"茶，递给即将离婚的男女，让他们在众亲人面前喝下。如果这第一杯茶男女双方都不喝完，只象征性地品味一下，那么，则证明婚姻生活还有挽回的余地，这对夫妻还可以在长辈们的劝导下重新和好；如果双方喝得干脆，则说明要继续生活下去的可能性很小。第二杯还是要离婚的双方都喝，这一杯较前一杯甜，是泡了泡米花的甜茶，这杯茶据说被长辈念了72遍的祝福咒语，能让人回心转意，只会想起对方的好，不会记较对方的坏，还听说这第二杯茶曾让无数即将分道扬镳的夫妻言归于好，从此和和睦睦，不计前嫌。可是如果这杯茶还是被男女双方一口喝干的话，那么就只有继续第三杯了。这第三杯是祝福的茶，在座的亲朋好友一起喝，不苦不甜，并且很淡，喝起来简直与白水差不多。这杯茶的寓意很清楚，从今以后，离婚了的双方各奔前程，说不上以后是苦还是甜。因为离婚没有赢家，先提出离婚的一方不一定会好过，被人背弃的一方也说不定会因此找到真正的知音。

女性话题 8

喝完这三杯茶，主持的长辈就会唱起一支古老的茶歌，旋律让人心伤，大意是这样的："合婚五彩斑斓，离婚天地荒凉，茶树上两只小鸟，从此分离，人世间一对夫妻，从此无双。"茶歌唱得让在座的亲朋好友也会泪水盈盈，就是即将各奔东西的男女，也会不住地抹眼泪。如果男女双方此刻心生悔意，还来得及握手言和，只是，如果言和，还得再喝三杯茶。这三杯茶分别是：第一杯是甜茶，也称回忆茶，或回味茶，尽管走到离婚的地步，每一对男女也都有过爱的甜蜜，然而随着时光的流逝，彼此心生疲惫，再甜的生活也会被时光泡淡，这时喝甜茶，就会怀念过去那些美好的时光。第二杯是苦茶，是苦得张不开嘴的那种，既然有心再度团圆，苦不吃恐怕不行，人生之旅充满坎坷，没有一马平川，只有无穷苦难，要白头到老，不准备吃些苦绝对不行。第三杯虽叫茶，却只是用茶杯斟着的白开水，告诫第二次握手的男女，生活其实不苦不甜，就像白开水一杯，相爱相敬的夫妻，白水也有甜味。

现代物质社会，把人的情感染得俗味十足，别说喝离婚茶，就是讲几句好听的话也变得吝啬了。老家的离婚茶席虽然朴素，既送别过无数终是分离的男女，也挽留过不少裂痕不深的婚姻。茶虽然好喝，也有无尽的诗意，但是最好别让你遇上。

说说离婚三杯茶中杯与杯之间有什么不同？（不超过100个字）

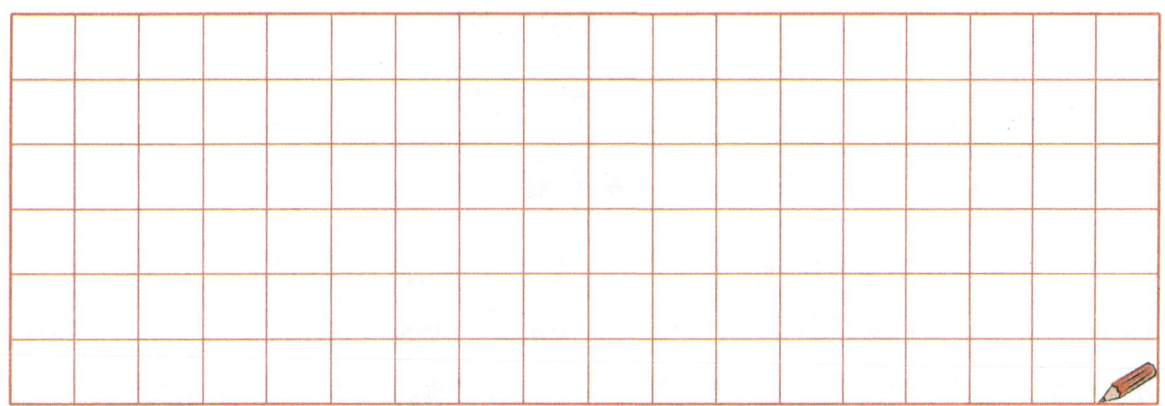

讨论题

1. 什么叫离婚茶？
2. 滇西诗礼的离婚三杯茶仪式包含着什么意思？
3. 如果当事人回心转意，要喝怎样的三杯茶？人们为什么这样安排？
4. 你对这种文化现象怎么看？

课 文

课文导读

社会方方面面的巨大压力和尚未根除的封建意识，使得中国女性在争取新生活的道路上走得很艰辛。从本文提供的调查数据和事例来看，就业、升迁的机会，工作中的待遇，平衡家庭和事业，这些都是今天中国女性尤其是年轻一代女性面临的难题。与旧观念抗衡、与实际困难抗衡，在这两个方面，香港女性显得游刃有余，因为香港对女性问题的观念，已经成熟和科学了很多。由此可见我们还需要继续改变自己，继续让女性更加自由、自主，能够让女性平等地生活于现代社会中。

思考题

1. 什么是妇女解放运动？
2. 历史上出现男女不平等的原因是什么？
3. 你对"男人以社会为主，女人以家庭为主"的观点怎么看？
4. 你认为怎样才是真正意义的男女平等？

女性话题二则

（一）

方为稻

曾几何时，在中华大地掀起了一股前所未有的"知识女性浪潮①"，一些年轻有为的知识女性大胆地摆脱了封建枷锁的禁锢，突破了传统的价值观念，积极地参与到社会分工中来，并且在她们各自的领域里取得了骄人的成绩。一时之间，中国女性——这一被封建伦理道德压抑了几千年、忍受着巨大屈辱的弱势群体，向社会发出了悲壮的呐

---

① 知识女性浪潮：20世纪50年代在中国内地兴起的以知识女性为特征的妇女解放运动。"知识女性"即受过比较系统的高等教育，具有较高科技文化专业知识，以创造、传播和应用科学文化知识为专门职业的女性。

喊，这呐喊声又和世界女权运动① 汇合成滚滚洪流，激荡于有着几千年封建传统的中华大地。到了20世纪90年代中期，这股浪潮更是达到了前所未有的巅峰状态。

一直以来，女大学生作为知识女性中最富有朝气的一部分，她们的价值取向尤为引人注目。当时的一项关于女大学生择业趋向的调查报告表明，女大学生们对事业、对成功表现出了极高的渴望，对未来的社会分工也充满了极强的自信。然而，时隔几年，知识女性的自信度却开始出现大幅度滑坡。新近一项调查表明，敢于参加社会竞争、大胆追求成功的女大学生只占女性群体的极少数，大多数女性对事业的理解是找到一份安定的工作，建设一个幸福的家庭，多数女大学生希望能做一个贤妻良母。她们认为，以往在妇女解放运动中所提倡的男女平等，是在生存竞争中没有照顾与保护的平等，知识女性为此付出了沉重的代价——婚姻家庭的松散和女性风度魅力的丧失。女大学生如此，其他女性更是如此。

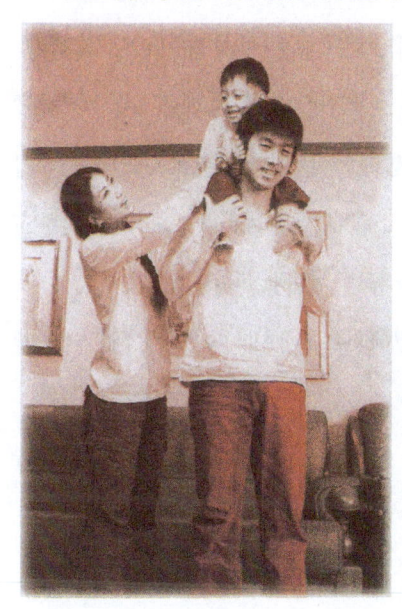

上海妇女社会地位调查结果显示：有43.8%的男性和37.4%的女性支持"男人以社会为主，女人以家庭为主"的传统分工模式，对于"干得好不如嫁得好"的论调，女性的支持率为36.4%，比男性还高5.2个百分点。事实上，导致知识女性价值观回归传统的原因是多方面的。但就目前社会而言，男性和女性就业机会不同、收入差距加大、向上一个阶层流动的机会也不同，是造成这一现象的直接原因。女性在就业、待遇和升迁的机会方面仍受到这样或那样的歧视。十年来，女性在经济领域就业层次虽然有所提高，职业结构也逐渐趋于合理化，但女性在业率降低，两性收入差距逐步扩大，也是不争的事实。2000年末，城镇18~49岁女性在业率为72%，比1990年降低了16.2%，而两性收入差距则比1990年扩大了7.4%，这也是导致知识女性自信心降低的一个社会原因。再有，知识女性成就意识偏弱，除了受社会偏见影响之外，她们自身潜意识中的那种"男人

---

① 女权运动：指妇女争取与男子平等的权利，以改善妇女社会地位和生活境遇为主要目的的社会运动，又称妇女解放运动。女权运动是近代资产阶级工业革命和18世纪启蒙思想的直接产物，最早出现在欧洲中产阶级妇女中。在中国，1919年五四运动中妇女发出要求平等的呼声。1949年在中国妇女平等权利才得到法律确认。

为主"的传统思维也是一个根本原因,这也致使她们在职业层次的提高上显得唯唯诺诺,瞻前顾后。

我的一个朋友欧阳女士,是一家外企的部门经理,由于工作出色,公司几次要提拔她,但都被她婉言谢绝了。问她原因,她说三十几岁的人了还没成家,处过几个男朋友,但都因为社会地位和职业层次不如她而和她拜拜了,真怕自己将来的职业层次再高,找不到相应层次的未婚男性把自己嫁掉。为此,她一直承受着极大的压力。她还说:"女人一生为什么?还不是为了一个家!女人早晚要放弃社会而回归家庭的。"实际上,很多职业女性面临着和欧阳相似的问题,在事业和家庭的矛盾中,她们往往难以抉择。这也说明,她们虽然是知识女性,但几千年植根于人们头脑中的封建意识并没有被完全清除,这种传统意识还不时地影响着她们的思维,左右着她们的行动。其实,这种由于社会的转型所带来的女性价值观念的回归是不值得提倡的。这种回归的产生在于知识女性们的社会活动还相对较少且单一,使她们不能在更多的角色中体现自身价值,致使外界对她们的认知度低。知识女性除了要提高自信度和改变传统思维以外,还要在广泛的社会活动中得到自身价值的欣赏和认同,如此才能最终取得与男人平等的权利和地位。另外,各高校也应重视"差别教育",通过差别教育,引导女大学生走出职业角色和性别角色的困惑,认清自己所要承担的社会责任和扮演的社会角色,这样才能从根本上解决知识女性传统价值观回归的问题。

(有删改)

(二)

深雪

我是典型的香港女性,所谓典型,意谓以事业为重、大女人主义、个性刚强。而每逢到外地工作,都有当地的女孩子问我,作为典型的香港女性,是否会因为个性太强而影响恋爱?

我的答案是:不会。

女性话题

香港的情况有点儿特别，香港女人在事业方面一般比男人好，商业机构、政府机构中的高层职位，很多都由女人担当。事实上，我们母亲那一代就已经颇有事业运，亦因此，香港男人已经习惯了事业型的女人，他们看惯了母亲以事业为重的作风，于是也会体谅女朋友的事业心。

所以，如果你是有事业心、个性强的女性，最好来香港居住。

男人的心态，部分是天性，部分来自教育。女朋友赚钱比自己多，香港男人不会觉得没面子，因为他们的母亲也可能比父亲赚得更多。内地和台湾的事业型女性就比较有难处，她们要尽量避免令男人觉得她们太强，亦可能为男人降低自己对事业的追求。这种做法，会令女人心有不甘，毕竟，为爱情作出牺牲后，女人就会期望更多的爱情回报，要是得不到，她们在十年八年后就会怨恨男人，也会怨恨自己。

当香港女人被批评个性太强以至于爱情不如意时，她们会理直气壮地说："怕什么？一定会有男人喜欢我这种类型的！"正是这种自信带来正面效应，她们坚信迟早会遇到接受她们的人。

最不好的就是由于怕没男人喜欢于是故意扮虚弱的女人，她们愈放不开自己，就愈无法得到爱情。试想，要是由第一天起就为讨好男人而假装另一种性情，她们的假装大概要维持一生一世。我希望事业型女人都能好好地发挥自己的本性，至于爱情，要来便会来，不用担心。

当然，身为香港女人的我们，没忘记重视打扮，在工作之余尽量和蔼温柔。我们都知道，最理想的女性类型，是外表女性化，但内心坚强。

在内地、台湾等地的一些女性现在仍然常常处于事业、家庭两难的局面。但我相信，这些女性只要努力坚持下去，过了这一代，男人必将渐渐接受这样的观念，女人也绝对可以以事业为重。

（有删改）

思考与回答

1. 女大学生择业趋向调查告诉我们什么?

   趋向　　极　　滑坡　　付出

2. "男人以社会为主，女人以家庭为主"是什么意思?

   传统　　分工

3. "干得好不如嫁得好"是什么意思？你认为有道理吗？说说你的看法。

   导致　　价值观　　回归

4. 文章认为导致知识女性价值观回归传统的原因有哪些？怎样才能从根本上解决这个问题？

   升迁　　收入　　潜意识　　致使

5. 对职业女性以事业为重，你是怎么看的?

词语

1. 掀起	xiānqǐ	（动）	使运动等大规模地兴起。
2. 浪潮	làngcháo	（名）	比喻大规模的社会运动或声势浩大的群众性行动。
3. 枷锁	jiāsuǒ	（名）	锁手脚的刑具，比喻所受的迫害和束缚。
4. 禁锢	jìngù	（动）	束缚；强力限制。
5. 参与	cānyù	（动）	参加（事务的计划、讨论或处理）。
6. 骄人	jiāorén	（形）	值得骄傲。
7. 压抑	yāyì	（动）	对感情、力量等加以限制，使不能充分流露或发挥。
8. 群体	qúntǐ	（名）	由同种个体组成的整体。
9. 悲壮	bēizhuàng	（形）	（声音、诗文等）悲哀而雄壮。

10.	呐喊	nàhǎn	(动)	大声喊叫助威。
11.	激荡	jīdàng	(动)	因受冲击而动荡。
12.	巅峰	diānfēng	(名)	顶峰，多用于比喻。
13.	趋向	qūxiàng	(名/动)	事物发展的动向；朝着某个方向发展。
14.	极	jí	(副)	表示达到最高程度。
15.	滑坡	huápō	(动)	比喻情况越来越差。
16.	新近	xīnjìn	(副)	不久以前的一段时期。
17.	付出	fùchū	(动)	交出（代价）。
18.	魅力	mèilì	(名)	很能吸引人的力量。
19.	模式	móshì	(名)	某种事物的标准形式或使人可以照着做的标准样式。
20.	百分点	bǎifēndiǎn	(名)	以百分数表示的数量单位百分之一为一个百分点。
21.	回归	huíguī	(动)	回到（原地方）。
22.	升迁	shēngqiān	(动)	调到另一部门，职位比原来提高。
23.	趋于	qūyú	(动)	趋向。
24.	潜意识	qiányìshi	(名)	下意识。
25.	致使	zhìshǐ	(动/连)	由于某种原因而使得；以致。
26.	成家	chéng jiā		指结婚，建立家庭。
27.	拜拜	báibái	(动)	再见。英语"bye-bye"的音译。
28.	相应	xiāngyìng	(动)	相对应；适当。
29.	承受	chéngshòu	(动)	接受；禁（jīn）受。
30.	抉择	juézé	(动)	挑选；选择。
31.	认同	rèntóng	(动)	承认；认可。
32.	困惑	kùnhuò	(形)	感觉疑难，不知道该怎么办。
33.	职位	zhíwèi	(名)	机关或团体中执行一定职务的位置。
34.	担当	dāndāng	(动)	接受并负起责任。
35.	颇	pō	(副)	很；相当地。

36. 亦	yì	(副)	〈书面语〉也；也是。
37. 体谅	tǐliàng	(动)	设身处地为人着想，给以谅解。
38. 事业心	shìyèxīn	(名)	对工作负责的精神和推动其进步发展的思想。
39. 心态	xīntài	(名)	心理状态。
40. 尽量	jǐnliàng	(副)	最大限度。
41. 期望	qīwàng	(动)	对未来的事物或人的前途有所希望和等待。
42. 怨恨	yuànhèn	(动)	对人或事物强烈地不满或仇恨。
43. 如意	rú yì		符合心意。
44. 效应	xiàoyìng	(名)	物理的或化学的作用所产生的效果。
45. 性情	xìngqíng	(名)	性格。
46. 本性	běnxìng	(名)	个性。
47. 和蔼	hé'ǎi	(形)	态度温和，容易接近。
48. 外表	wàibiǎo	(名)	表面。
49. 内心	nèixīn	(名)	心里边。
50. 必将	bìjiāng	(副)	一定会。

四字词语

1. 曾几何时	céng jǐ hé shí	〈书面语〉指时间没有过去多久。
2. 前所未有	qián suǒ wèi yǒu	从来没有过的。
3. 年轻有为	niánqīng yǒuwéi	年纪不大，有作为。
4. 贤妻良母	xián qī liáng mǔ	既是贤惠的妻子又是善良的母亲。
5. 唯唯诺诺	wěiwěinuònuò	形容一味顺从别人，没有主见的样子。
6. 瞻前顾后	zhān qián gù hòu	形容做事犹豫不决，顾虑多。
7. 婉言谢绝	wǎnyán xièjué	委婉地拒绝。
8. 理直气壮	lǐ zhí qì zhuàng	理由充分，因此说话有分量。

8 女性话题

专有名词

欧阳　　　　Ōuyáng　　　　复姓。

词语讲解与练习

一 词语例释

1. **极**

   <u>副词</u> 意思是达到最高程度。

   ◎ 女大学生们对事业、对成功表现出了极高的渴望，对未来的社会分工也充满了极强的自信。

   ① 裁判员错判了主力球员犯规，在场的球迷对此表现出了极大的不满。

   ② 经历了政治的极大动荡、经济的高速发展和观念的巨大转变几个历史阶段，人们成熟起来。

   ③ 由于受家庭的影响，他从很小就对京剧极感兴趣。

   ⚠ 常修饰形容词（多为单音节）。

2. **致使**

   <u>动词</u> 意思是由于某种原因而使得某种情况发生。

   ◎ 除了受社会偏见影响之外，她们自身潜意识中的那种"男人为主"的传统思维也是一个根本原因，这也致使她们在职业层次的提高上显得唯唯诺诺，瞻前顾后。

   ① 他们由于不注意保护知识产权，致使自己公司的著名商标被别的公司抢注了。

   ② 维修工在堆放着易燃物品的地方进行焊接，由于操作不慎，致使整个车间发生了火灾。

③ 挖掘机在道路施工中不慎挖断了电话电缆，致使一千多家用户电话中断了15个小时。

📖 一般用做谓语，它的宾语常表示不理想的情况。

3. 颇

> 副词　意思是"很，相当地"。

◎ 事实上，我们母亲那一代就已经颇有事业运。

① 那个小伙子聪明能干而且幽默，姑娘对他颇有好感。

② 中医药治疗结合运动医疗对老年性关节病症颇为见效。

③ 草案中一些突破性的规定颇为引人关注，成为委员们争议的焦点。

📖 书面语。作状语，常与"为""有"连用。

4. 亦

> 副词　意思是"也，也是"。书面语。

◎ 亦因此，香港男人已经习惯了事业型的女人，他们看惯母亲以事业为重的作风，于是也会体谅女朋友的事业心。

① 贸易依存度亦称"外贸依存率""外贸系数"。

② 这种橡胶手套弹性好，长期保存亦不会出现裂纹或褪色。

③ 提供适当的就业指导有助于毕业生避免择业的盲目性，亦有助于他们建立起就业的信心。

📖 作状语，常用在含书面语色彩的语句中。

5. 必将

> 副词　意思是"一定会"。书面语。

◎ 这些女性只要努力坚持下去，过了这一代，男人必将渐渐接受这样的观念，女人也绝对可以以事业为重。

8 女性话题

① 载人航天事业的发展必将造福于全人类。

② 从小就培养孩子的自理能力，无数家长、教师和儿童必将从中获得益处。

③ 各国科学家共同进行研究，必将取得更加辉煌的科研成果。

📖 作状语，常用于对未来结果有积极判断的语句中。

二 词语辨析

1. 参与　参加

参与

◎ 一些年轻有为的知识女性大胆地摆脱了封建枷锁的禁锢，突破了传统的价值观念，积极地参与到社会分工中来。

① 积极引进民间资本参与园区基础设施建设是一个好办法。

② 参与救助天鹅的一些市民争着描述了当时的情景。

③ "创作冰雕"最吸引人的地方在于消费者可以参与冰雕的设计和创作。

④ 这个小镇的马车赛是个传统项目，吸引了不少当地居民参与。

⑤ 举行集体竞赛活动是培养集体意识的好形式，能否获得冠亚军不重要，重在参与。

参加

⑥ 许多城市和农村代表被邀请参加了那个加快城乡发展建设的研讨会。

⑦ 每年的植树节，全国都有成千上万的人积极参加义务植树劳动。

⑧ 在高等学校运动会上，有许多来自世界各地的大学生运动员参加比赛。

⑨ 这项研究非常有意义，也非常有意思，想报名参加的人很多。

⑩ 世界奥林匹克运动会开幕式上，上万名群众演员参加了团体操表演。

异同归纳		参与	参加
同	词性	动词	
	词义	表示投身于其中。	
	句法功能	都可作谓语。	
异	词义侧重	着重于投身某项工作或活动。	着重于投身某种组织或某种活动。
	词义范围	使用范围不如"参加"广。	
	搭配对象	多与表示计划、讨论、处理等意义的词语搭配。　　　例①③	与表示组织、活动、工作等意义的词语搭配。　　　例⑥⑦⑧⑨⑩
	语体风格	多用于书面，文言语体。	通用于口语和书面语。
	习惯用语	重在参与	

2. 体谅　体贴

体谅

◎ 他们看惯了母亲以事业为重的作风，于是也会体谅女朋友的事业心。

① 这对善良、朴实的老夫妇总是体谅别人。

② 我学会了体谅人——这得感谢父母对我的言传身教。

③ 了解了年轻人犯错误的原因，人们可以从各自不同的角度对他们加以体谅。

④ 我们应该体谅人家有困难，目前他们确实很难办到这些事情。

⑤ 我认为合作还是要讲究诚信和相互体谅。

体贴

⑥ 以前爱顶撞别人的同学学会体贴家长和老师了。

⑦ 比谈心更重要的是用行动关心人、体贴人。

⑧ 我们应该用实际行动关心、体贴困难群众。

⑨ 候车室里随处可见的温馨体贴的问候标语温暖着过往乘客的心。

⑩ 每季度有10天的带薪休假，这充分体现了公司对职工的体贴和关心。

异同归纳		体谅	体贴
同	词性	动词、名词	
	词义	都有设身处地为别人着想的意思。	
	句法功能	都可作谓语和宾语。	
异	词义侧重	着重于设身处地理解别人的难处或做得不好的客观原因，给予谅解。	着重于细心考虑别人的心情或处境，给予关心和照顾。
	搭配对象	加以、相互……　　　　　例③⑤	服务、问候语……　　　　　例⑨
	句法功能	可接小句宾语。　　　　　　例④	还可作定语。　　　　　　　例⑨

3. 性情　性格

性情

◎ 试想，要是由第一天起就为讨好男人而假装另一种性情，她们的假装大概要维持一生一世。

① 那个人性情孤僻、待人冷漠，所以他的朋友很少。

② 新编历史剧《汉武帝》展示了汉武帝在各种复杂局面中的智慧、胆略、气度和性情。

③ 他已经快30岁了，就是因为性情粗暴，交了几个女朋友都吹了。

④ 让孩子经常到大自然中去，这对陶冶孩子们的性情、开阔视野，培养他们热爱大自然是很有帮助的。

⑤《蔡文姬》中的曹操是个雄才大略的政治家，也是个性情中人。

性格

⑥ 这种鱼体形小巧、色彩美丽，但性格却十分残暴。

⑦ 软弱的性格恐怕是这位员工怕事、不敢承担责任的主要原因。

⑧ 长期生活在福利机构中的儿童往往会出现性格孤僻、心理封闭、社会适应能力差等方面的问题。

⑨ "沉静型领导者"还需具备的两个性格特质是谦逊和执著。

⑩ 提高领导层的团队精神、培养他们坚定不移的性格和创造力是公司的经营理念之一。

异同归纳		性情	性格
同	词性	名词	
	词义	指在对人、对事的态度和行为方式上所表现出来的心理特点。	
	句法功能	都可作主语、谓语和宾语。	
异	词义侧重	着重指人或动物在生活中形成的感情、脾气。	着重指人们表现在态度和行为上的稳定的个性特征。
	搭配对象	温和、温柔、温顺、急躁、暴躁、孤僻、粗暴、刚烈、平和…… 例①③	开朗、坚强、顽强、刚强、软弱、懦弱、内向、外露、勇敢、乐观、残暴、孤僻…… 例⑥⑦⑧
	句法特点		可被数量词修饰,如"两种性格"。
	习惯用语	性情中人	

4. 本性　天性

本性

◎ 我希望事业型女人都能好好地发挥自己的本性,至于爱情,要来便会来,不用担心。

① 把狼单独关进笼子里它会感到非常痛苦,因为它的群居本性要求得不到满足。

② 将动物放归大自然,是一种尊重动物本性的做法。

③ 戏曲学校注意引导学生刻苦学戏,同时注意维护孩子们的率真本性。

④ 击剑馆、拳击馆里闪动的多是男子的身影,好斗仿佛是男人的本性。

⑤ 认识这种动物贪婪、凶狠和狡猾的本性能使我们免受它们的伤害。

天性

⑥ 传统的跳房子、踢毽子、推铁环一类的游戏，花费不多却可满足孩子们爱玩儿的天性。

⑦ 不会游泳的人掉到水里后会死死抓住身边能抓到的东西，这在很大程度上是出于人的天性和本能。

⑧ 追求美是人的天性，早在远古时代，人们就把贝壳、兽骨穿起来挂在脖子上当项链了。

⑨ 冬季来临，蛇就会钻进洞里去冬眠，这是它的天性。

⑩ 喜欢唱歌是孩子们的天性。

异同归纳		本性	天性
同	词性	名词	
	词义	指人或动物具有的性质或个性。	
	句法功能	都可作主语、宾语和定语。	
异	词义侧重	主要指原有的本质特性或个性。用于人时，多指人的社会本质或个性特点；用于其他生物时，多指本质属性。	主要指具有的某种属性。比如人的品质和性情。
	搭配对象	率真、贪婪……　　　　例③⑤	常与人、动物搭配　　例⑥⑦⑧⑨⑩
	句法功能	可构成"本性难移""暴露出……的本性"等短语作谓语。	多构成"人的天性"或"动物的天性"等短语作主语或宾语。

 三　词语搭配

1. 参与

　　~的人员　　　　希望~　　　　~事务

　　~的时间　　　　欢迎~　　　　~规划

　　~的可能性　　　不便~　　　　~评审

2. 压抑

～的心情	受到～	心情～
～的感情	觉得～	情绪～
～的气氛	遭受～	精神～

3. 趋向

当前的～	出现～	（改革的）～出现了
进步的～	显示～	～改变了
一种～	露出～	～产生了

4. 承受

～的能力	全部～	～打击
～的对象	勇敢地～	～灾难
～的痛苦	主动地～	～孤独

四 练习

（一）模仿例子组成新词

1. 群体　　群___　　群___　　群___　　群___
2. 压抑　　压___　　压___　　压___　　压___
3. 心态　　心___　　心___　　心___　　心___
4. 体谅　　体___　　体___　　体___　　体___
5. 期望　　期___　　期___　　期___　　期___
6. 相应　　相___　　相___　　相___　　相___
7. 困惑　　困___　　困___　　困___　　困___
8. 外表　　外___　　外___　　外___　　外___
9. 必将　　必___　　必___　　必___　　必___
10. 模式　　___式　　___式　　___式　　___式

8 女性话题

(二) 选择适当的词语填空

> 极　颇　亦　必将　参与　参加　体谅　体贴　性情　性格　本性　天性

1. 那个影星无缘无故迟到了两个多小时，在场的影迷和记者对此表现出_____大的不满。
2. 这个报刊上个月刊登了几篇_____有社会影响的优秀新闻作品。
3. 作为一个大企业的领导能这样细致入微地关心和_____职工，真是难能可贵。
4. 这部影片不但有着强烈的时代气息，_____代表着国产电影发展的最高水平。
5. 随着科学技术的进步，人类_____创造出更加伟大的奇迹。
6. 社区居民怀着极大的热情_____社区建设与管理工作。
7. 刚到一个陌生地方的时候，调皮的孩子一般会显出害羞的样子，可是当他和那里的小朋友熟悉起来以后，调皮的_____就开始显露出来了。
8. 1000余名运动员_____了城市春季长跑比赛。
9. 她是个非常敬业的大夫，总是像母亲似地_____病人和同事。
10. 孩子们经过一个假期的野外体能训练，陶冶了_____、增长了见识、培养了吃苦的精神。
11. 他遇到困难从来都是自己扛着，从小就已养成了永不言败的刚强_____。
12. _____好动的猴子在林中跳上跳下，一刻不停，好像它们从来不知道疲倦。

(三) 选择适当的四字词语填空

> 曾几何时　前所未有　年轻有为　贤妻良母
> 唯唯诺诺　瞻前顾后　婉言谢绝　理直气壮

1. 因为怕犯错误，所以他干工作总是_____，缩手缩脚。
2. 那些小型造纸企业在生产过程中产生出大量废气污水，使当地的环保工作面临_____的挑战。
3. 她想参加那个冒险活动，她的要求一提出来就被组织这个活动的朋友_____了。
4. _____，她被称为"美女作家"在小说创作的舞台上活跃过两年。

5. 由于是以低廉价格从非正规商店买的这个商品，所以不能_____地要求得到商品的售后服务。

6. 他们是些_____的科学工作者，事业正蒸蒸日上。

7. 过去中国人把理想中的女性称为_____。

8. 有不同的意见就应该说出来，不要_____，做没有原则的人。

(四) 为四字词语选择适当的位置

1. 婉言谢绝
   被 A 他 B 的事情，我怎么可以 C 答应你 D 呢？　　　　　　　（　　）

2. 前所未有
   由于天气 A 不错，又使用了先进的 B 农业科学技术，C 粮食获得了 D 的大丰收。　　　　　　　（　　）

3. 年轻有为
   A 公司任用了 B 一大批 C 的专业 D 人员，所以生产经营情况非常好。
   　　　　　　　（　　）

4. 贤妻良母
   文学作品中 A 常有一些描写 B 的故事，C 挺感人的 D。　　　　　　　（　　）

5. 唯唯诺诺
   有的人认为那种 A 的听话的 B 孩子才是 C 好孩子 D，我不赞成。（　　）

6. 理直气壮
   他抬高嗓音 A 地陈述了 B 事情的经过 C，看样子他真的 D 有理。（　　）

(五) 用指定词语完成句子

1. 他已经连续工作两天两夜没有休息了，_____。（极）
2. 由于下雨路滑，行驶到转弯的地方又没有及时减速，_____。（致使）
3. 那种小书包造型活泼可爱，设计巧妙，价格便宜，_____。（颇）
4. 这家店的商品品质精良，价格_____。（亦）
5. 电气公司收购了那个知名企业，这_____。（必将）
6. 绿化美化环境是每个公民的责任和义务，大家都应该_____。（参与）

7. 人们看到旅行社西藏雪域之旅的广告，_____。（参加）
8. 儿女_____——这是年老的父母对儿女的最大愿望。（体贴）
9. _____，一般的人见到它都会感到害怕。（性情）
10. 人人都追求美，这是_____。（天性）

(六) 用指定格式完成对话

1. A：大学的时候他可是我们班学习成绩最好，也是最聪明的一个同学啊！

   B：是啊！_____。（曾几何时）

2. A：_____。（一直以来）

   B：我们从毕业以后也一直没有他的消息。

3. A：现在青少年学习压力大，视力普遍下降。

   B：_____。（调查结果显示）

4. A：现在很多年轻人刚工作不久就买了房子和汽车。

   B：_____。（就……而言）

5. A：我想把体重降下来，你有什么好办法？

   B：_____。（除了要……还要……）

(七) 下面每句话都画出了 ABCD 四个部分，请挑出有错误的部分

1. 制度和文化因素造成男女角色和行为差异的原因，社会对妇女角色和行为的预期
   　　　　　　　A　　　　　　　　　　　　　　　　　　　　B
   往往是对妇女天生规定的角色的延伸，人们现有的性别观念是社会化的产物，因
   　　　　　　　　　　　　　　　　　　　　　　　C
   而是可以改变的。　　　　　　　　　　　　　　　　　　　　　　　（　　）
   　　　D

2. 当一个女人有了自主性情，她就有能力去选择自己的某些社会定位。所以选择阶
   　　　　A　　　　　　　　　　B
   段是一个比较重要的阶段，它将决定一个女人的最终走向——是依附于传统，还
   　　　C　　　　　　　　　　　D
   是尽可能地走向解放。　　　　　　　　　　　　　　　　　　　　　（　　）

3. 那种把女性视为"风景"，无视女性的天生和生存环境的改善，忽略女性平等与
   　　A　　　　　　　　　　　　　　　　　　　　　　　　　B
   独立的人格，令女权主义者十分不满。　　　　　　　　　　　　　　　（　　）
   　　C　　　　　D

4. 减压的方式有很多种，其中很重要的一点就是要留点儿时间和空间给自己，实现
   　　A　　　　　　　　　　　　　　　　　B
   自己的爱好。比如说喜欢的运动，就要抽出时间去运动。　　　　　　　（　　）
   　　　　C　　　　　　　D

语法讲解与练习

一　转折复句

偏句叙述一个事实，正句没有顺着这个事实得出结论，却说出一个相反的事实，这样的复句叫转折复句。这类复句分为重转和轻转两种。

◎女大学生们对事业、对成功表现出了极高的渴望，对未来的社会分工也充满了极强的自信。然而，时隔几年，知识女性的自信度却开始出现大幅度滑坡。

① 甬道两旁的土地虽然不多，但土地上的花草品种却不少。

② 虽然人生总有许多无奈，但是，我们依旧不屈不挠地找寻着属于自己的快乐。

③ 虽然我现在放假了，但比上班的时候还要忙。

④ 大夫建议实施手术治疗，虽然保守疗法对病人来说痛苦少一些。

⑤ 祭祀的时候可用不着她沾手，一切饭菜，只能自己做，否则，不干不净，祖宗是不吃的。

⑥ 那条河以前是条害河，可是近几年修筑了不少分洪工程，给两岸的人民带来了益处。

⑦ 他强迫自己忘掉那些不愉快，然而遗忘不是一件容易的事情。

以上是重转。两个分句意思完全相反，显出重转的意味。

⑧ 他们这个河套地区虽然也是穷乡僻壤,不过水土好,气候正常,这里的女孩儿普遍长得非常水灵。

⑨ 浙江是个物产丰富,风景秀丽,人才辈出的地方。虽然我只在那里度过了青少年时代,却一直深深地怀念着它。

⑩ 父母以前常跟我们提起你,就是不知道你在什么地方。

⑪ 我想看的书太多了,只是只看书不出去挣钱,怎么生活呀!

以上是轻转,两个分句意义上有关联,但它们从某方面看是意思相反的,转折的意味较轻。

注意

转折复句除了有重转、轻转的分别外,在使用场合上也有分别,"否则""然而""却"多用于书面语体的场合而且显得正式;"不过""只是""就是"一般用于口语场合;"虽然……但是""可是"用于口语、书面都可以。"虽然"在前一分句时,位于主语前后都可;"虽然"在后一分句时,只可位于主语前,这种形式多为书面表达形式。

常用关联词

重转	口语	……,不然/不但……
	书面语	虽然……,但是/可是…… (尽管)……,然而…… ……,否则……
轻转	口语/书面语	……,不过/却/就是/只是……

二 练习

(一) 选择适当的一组关联词填空

	A. 不然	就是	不过	然而	虽然	但
	B. 不过	但	就是	否则	然而	虽然
	C. 不然	可是	然而	不过	只是	否则
	D. 就是	不然	但	虽然	然而	不过

(　　)

1. 那个人看着一点儿也不陌生，_____想不起来在哪儿见过面。
2. 你应该把电脑的字号放大一些，_____给年纪大的人看会很困难。
3. 获取奥运会冠军给他们带来了巨大的荣誉，_____他们并没有忘记报答培养自己的祖国。
4. 她们_____身材不高，_____传球和组织进攻的技术却特别好。
5. 场外发生了一点儿骚动，人们把目光投向骚动的地方，_____很快大家的注意力又转回到比赛上来了。

(二) 模仿例句，用指定关联词完成句子

1. 虽然……，但……

   例：十年来，女性在经济领域就业层次虽然有所提高，职业结构也逐渐趋于合理化，但女性在业率降低，两性收入差距逐步扩大，也是不争的事实。

   ① 这件事虽然过去了很久，我早已把它忘在脑后，但_____。
   ② 虽然在踢球的时候我们是对手，_____。
   ③ A：她个子那么矮，代表咱们班去参加篮球比赛，能行吗？
      B：_____，_____。

2. ……，不然……

   例：演出结束以后歌星们从舞台后门悄悄离去，不然观众会把他们团团围住，要求拍照签名。

① 想好的内容我就马上把它们记下来，不然＿＿＿＿＿＿＿＿＿＿＿＿。

② 那个地区变化太大了，这次你去那里应该带上地图，＿＿＿＿＿＿＿＿＿＿。

③ A：最近我怎么总看不见小李，他在忙什么呢？

　　B：＿＿＿＿＿＿＿＿＿＿＿＿＿＿，＿＿＿＿＿＿＿＿＿＿＿＿。

3. ……，然而……

例：有人说只要有钱你就能得到快乐，然而雅典娜有很多金钱，她却一直觉得不快乐。

① 他已经攀到了距离峰顶只有几百米的地方，眼看就要登顶成功了，然而冻伤＿＿＿＿＿＿＿＿＿＿＿＿＿＿＿＿＿＿＿＿＿＿＿＿＿＿＿＿＿＿。

② 他想早些完成手头的工作回家休息，然而＿＿＿＿＿＿＿＿＿＿＿＿。

③ A：工作马上就要做完了，咱们可以好好休息一下了。

　　B：＿＿＿＿＿＿＿＿＿＿＿＿＿＿，＿＿＿＿＿＿＿＿＿＿＿＿。

4. ……，不过……

例：那个年轻演员刚上台表演的时候显得很紧张，不过现在演戏已经越来越有信心了。

① 他原来打算去海南的"天涯海角"旅行，＿＿＿＿＿＿＿＿＿＿＿＿＿＿＿＿＿＿＿＿＿＿＿＿＿＿＿＿＿＿＿，目的地由原先的海南变成了广州。

② 那部作品一出版，立刻迎来了一片喝彩声，＿＿＿＿＿＿＿＿＿＿＿＿＿。

③ A：这可是非常重要的演出，我们准备得不充分，怕演不好。

　　B：＿＿＿＿＿＿＿＿＿＿＿＿＿＿＿，＿＿＿＿＿＿＿＿＿＿＿＿。

(三) 按逻辑关系排列顺序

1. A. 他们不能对孩子不加管教、听之任之
   B. 家长的作用是相当重要的
   C. 但是对孩子控制过严又可能压制儿童天真烂漫的童心
   D. 这会对孩子的心理健康产生消极影响　＿＿＿＿＿＿＿＿＿

2. A. 上身衣着很短，露出肚脐
   B. 故有"封建头、民主肚、节约衣、浪费裤"的戏称
   C. 惠安女是汉族中唯一一个穿着独特的人群
   D. 她们包头巾
   E. 裤子却长而宽松

3. A. 也并非凭空产生的，它必然根植于特定的时代
   B. 也就是说社会大环境制约人们欣赏美、追求美的愿望和行为
   C. 因此中国古人在某一时期的审美倾向和思想内涵
   D. 任何一个时代的审美情趣都与当时社会的政治、经济、文化背景有密切的关系

4. A. 母亲是家中掌厨的能手
   B. 一直以来，在亚洲人的传统家庭观念中
   C. 当身为母亲的妇女觉得自己的厨艺日渐低落时
   D. 而食物是团结家庭成员的因素之一
   E. 她就会感到压力

修辞提示与练习

 婉言

不直接说出本意，而用委婉含蓄的话语把本意暗示出来，叫婉言。

◎ 三十几岁的人了还没成家，处过几个男朋友，但都因为社会地位和职业层次不如她而和她拜拜了。（指和她分手了）

① 孔乙己一到店，所有喝酒的人便都看着他笑，有的叫道："孔乙己，你脸上又添上新伤疤了！"（指又挨打了）

② 我们进去的时候，便发现他在安乐椅上安静地睡着了，——但已经永远地睡着了。（指去世）

📖 以上为婉言。它是为了减少语言的刺激性,不直接说出本意,而用委婉含蓄的话来表达的修辞方法。

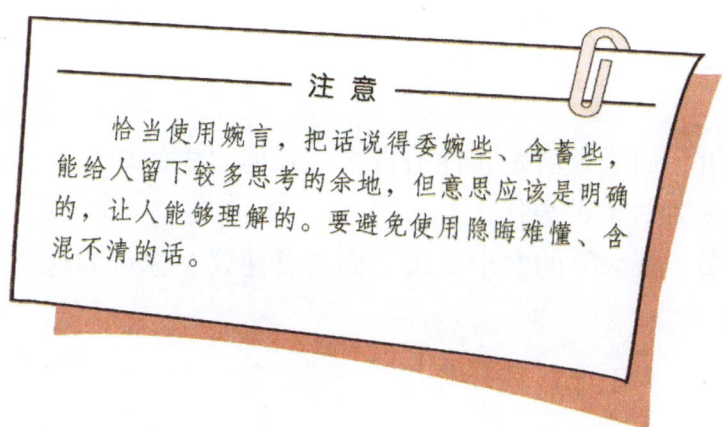

恰当使用婉言,把话说得委婉些、含蓄些,能给人留下较多思考的余地,但意思应该是明确的,让人能够理解的。要避免使用隐晦难懂、含混不清的话。

 练习

指出下列句子中哪些是婉言修辞词语,并说明它们的意思

1. A:你的个人问题解决了没有?
   B:还是老样子,一个人吃饱了全家不饿。

2. 他们俩结婚以后从来没有红过脸。

3. 我向他打听卖灶糖的老汉,他告诉我,卖灶糖的老汉老去了。

表达与写作

● 表达训练

1. 请介绍一下你们国家已婚女性的情况，她们之中做职业女性的多还是做专职太太的多，为什么？
2. 作者对署名"蓝天"的女士提出了哪三点建议？你认为这三点建议怎么样？

● 写作训练

试从以下题目中任选其一作文，题目自拟。

字数：不少于400字；

要求：尽量参考并尝试使用课文里的重点词语。突出主题，有条理，注意书写格式和标点。

第一题

你同意"男人以社会为主，女人以家庭为主""干得好不如嫁得好"这些观点吗？谈谈你的看法。

第二题

介绍一下你们国家女性就业的情况。

扩展空间

名家典藏

《莎菲女士的日记》丁玲
《工作着是美丽的》陈学昭
《女大学生宿舍》方方

媒体资源

http://www.china-woman.com （中华女性网）

《图雅的婚事》（DVD）　广东音像出版社出版、发行
《我的父亲母亲》（DVD）贵州东方音像出版社出版、发行

词语追踪

专职太太　　　知识女性
女强人　　　　白骨精

9 人与动物

背景阅读与练习

一 限时阅读，按要求回答问题   限时：7分钟

众所周知，狼的本性是凶残的，这在人们心目中似乎已经形成了一个不可改变的观念。而我所经历的一件事，却使我改变了对狼本性凶残的看法。

1964年10月，我们云南省的一支汽车测量普查小分队在云南西北地区进行普查找矿。工作车是由一台嘎斯—63汽车改装的，车厢为封闭式，测量仪器固定安装在车内，接收器放在车厢顶上。我们小分队一共八个人：一名司机，三名技术人员；四名武装警卫战士，他们每人配备一支冲锋枪、一支手枪。随行还有一位搭车的纳西族老乡。

10月中旬的一天早晨，我们到了小镇巨甸，稍事休息后继续向正西进发。路上的积雪越来越厚，汽车最终无能为力——车轮飞转，就是不能前进。我们一起下来推车，

并找了些干树枝打眼。正在这时，我们几乎同时发现，在我们车后200米的路上，一群褐黄色的东西正在慢慢地向我们靠近，那是一群饿狼。我们不禁大惊失色，急忙爬上车，这时狼群已靠近汽车，一共八只，个个都像小黄牛似的，肚子瘪瘪的，后腿显得更细。战士小吴抄起冲锋枪奔向后车门，纳西族老乡大喝一声：

"干那亚（干什么）！"他一把夺下小吴的枪，高声道："绝不能开枪打，打也打不着，枪一响，它们要么钻到车底下，要么拐进树林，那样我们可就完了。狼群会不顾一切先把车轮咬坏，把我们看起来，然后召集更多的狼和我们拼命。"我问："那可怎么办？"老乡说："别急，有办法。雪封山了，狼找吃的东西难了，一个个饿疯了，车上可有吃的？"我们几乎同时回答："有。"我们七手八脚把准备带回昆明的腊肉、火腿，还有十

分珍贵的鹿子干巴，一块块、一串串往下丢，八只狼眼都红了，大吼着扑向这些食物。第一批丢下去的东西，一眨眼就被狼群吃光了，但它们不走，八只狼排成一排坐下盯着后车门。老乡继续下达命令：再丢下一些！我们车上放的肉足足有100多斤，"豁出去了，保命要紧，扔吧！"我带着哭腔说了这句话，第二批大约50多斤的肉飞出了后车门。八只狼又是吼着扑向食物，但吃的速度明显减慢了，眼见每只狼的肚子渐渐大了起来，也不那么瘦了。过了一会儿我清楚地看到八只大狼的肚子已滚圆滚圆，目光开始变得温顺，不再横排坐着，其中一只狼围着汽车转了两圈，朝车前方跑去，其余七只狼没动。不一会儿，那只狼又跑回来，带着那七只狼朝松林钻去。我们悬着的心终于放了下来。我们又开始推车，但仍然无济于事，看来我们今天有可能被困在这里，如果再遇上另一群狼可就彻底完了。

正在这时，我们看见那八只大狼又钻出松林，跑到公路上。奇怪的是每只狼的嘴里叼着一根大树枝，不知它们又想干什么。我们只得又爬上车，警惕地观察着。司机小王好奇地把头从驾驶室里探出来，我也打开一扇车窗看这群狼到底要干什么。只见八只大狼把嘴里叼着的树枝分别放到汽车两个后轮下面。"哈哈！狼给汽车打眼呢！"我高兴得大叫起来，狼见我大叫，只是朝我望了望，我也发现狼的目光里没有了敌意。接着八只狼一齐钻到车底，我正不解其意，却见汽车两侧积雪飞扬，一部分雪飘到山下，一部分雪堆向路边。

工夫不大，八只狼又从车底钻出来，跑向车的前方，头朝前，尾朝车头一字排开，嘴一起拱到雪里，朝前拱去，然后又头对头一边四只，一起用强有力的后腿向后扒雪，路面渐渐露了出来……

汽车慢慢向前开动，到达山顶后，狼不再叼树枝了，在我们车后仍然是一字排开坐着，不同的是，有一只狼稍稍向前。老乡告诉我们，那是头狼，主意大概都是它出的。我们激动极了，一起给狼鼓掌。可是这八只可爱的狼似乎没有什么反应，只定定地望了望我们，然后头狼在前，其余随后，缓缓地朝山上走去，消失在松林中。

（有删改）

判断正误 （正确的画 "√"， 错误的画 "✗"）

1. 通过这次与狼群遭遇的经历，作者对狼的看法有了改变。　　（　　）
2. 小分队的汽车因为遇到了狼群所以停在了半路上。　　　　　（　　）
3. 人们坐在车里发现车前方有八只狼挡住了去路。　　　　　　（　　）
4. 测量普查小分队的成员每人都配备了武器。　　　　　　　　（　　）
5. 他们第二次扔给狼群50多斤肉。　　　　　　　　　　　　　（　　）
6. 一只狼没有吃饱，所以围着车转了两圈。　　　　　　　　　（　　）
7. 狼群中有的狼嘴里叼着树枝跑回来。　　　　　　　　　　　（　　）
8. 这些狼里边有一只领头的狼。　　　　　　　　　　　　　　（　　）
9. 汽车在人们的齐力推动下开出了雪地。　　　　　　　　　　（　　）
10. 汽车前方的积雪是狼群推走的。　　　　　　　　　　　　（　　）

根据上下文， 指出变色词语在文章中的大概意思

1. 打眼　　_____
2. 像小黄牛似的　_____
3. 瘪瘪的　　_____
4. 七手八脚　_____
5. 一眨眼　　_____
6. 哭腔　　_____
7. 滚圆滚圆　_____
8. 敌意　　_____
9. 定定地　　_____

选择正确答案

1. 这支汽车测量普查小分队的任务是什么？　　　　　　　　　（　　）
 　　A. 调查道路　　　　　　　B. 寻找狼群
 　　C. 普查矿藏　　　　　　　D. 测量地形
2. 纳西族老乡为什么不允许开枪打狼？　　　　　　　　　　　（　　）
 　　A. 狼是国家保护动物　　　B. 会引来更多狼的攻击
 　　C. 狼群太远打不着　　　　D. 狼躲在车身下边

3. 车上的人把肉扔到车下是为了什么？　　　　　　　　　　（　　）

   A. 吸引狼群的注意力，然后把它们打死

   B. 减轻车子的重量，便于开出雪地

   C. 让狼吃饱，这样它们就不会对人发起攻击了

   D. 引诱狼来帮助他们打眼

4. 为什么说"八只狼眼都红了"？　　　　　　　　　　　　（　　）

   A. 形容它们饥饿挣抢食物的样子　　B. 雪地照射使它们的眼睛受伤

   C. 肉的高热量容易使眼睛发红　　　D. 狼发生争斗受了伤

5. 吃饱的狼群走了以后车上的人担心什么？　　　　　　　（　　）

   A. 天黑下来了，前方通行危险

   B. 这群狼再回来要肉吃

   C. 走了的狼引来更多的饿狼

   D. 当天不能到达目的地

6. 下边哪种情况文中没有提到？　　　　　　　　　　　　（　　）

   A. 小分队里有人姓王　　　　　　　B. 车上一共有九个人

   C. 小分队带着几支枪　　　　　　　D. 狼群中有只最大的狼

7. 八只狼为什么一齐钻到车底下？　　　　　　　　　　　（　　）

   A. 刨积雪　　　　　　　　　　　　B. 找肉品

   C. 躲枪弹　　　　　　　　　　　　D. 叼树枝

8. 车上的人为什么对着狼群一齐鼓掌？　　　　　　　　　（　　）

   A. 狼们一字排开坐着好看　　　　　B. 感谢狼给予他们的帮助

   C. 认识了哪只是领头的狼　　　　　D. 了解狼是有组织性的动物

9. 从文中可以知道什么情况？　　　　　　　　　　　　　（　　）

   A. 小分队停车的地区刚刚下雪　　　B. 车上每个人都配有枪支

   C. 狼的表情始终让人害怕　　　　　D. 停车的附近是片松林

10. 下面哪句话适合做本文标题？　　　　　　　　　　　　（　　）

    A. 饿狼与头狼　　　　　　　　　　B. 我们的小分队

    C. 人狼情　　　　　　　　　　　　D. 雪地松林

二 阅读后按逻辑关系排列顺序

A. 天上的织女思凡下界,与牛郎结成美满姻缘,并生下一儿一女

B. 这个美丽动人的神话一直流传到今天

C. 正当他们过着幸福生活的时候,天神将这对恩爱夫妻拆散,逼迫织女回到天上,牛郎闻讯在后面紧紧追赶。行至途中,王母娘娘用玉簪(zān)划出一道天河,把织女和牛郎强行分开,让他们隔河相望

D. 这件事感动了喜鹊神,它命令所有喜鹊,在农历七月初七这天都飞到天上去,一只只头尾相接,在天河上架起一座"鹊桥",使他们夫妻得以相会

重新排序 _____

三 阅读后按要求回答问题

人 虎 深 情

在下放东北林场的日子里,我们一家三口住在离场部很远的山坡上。五岁的女儿姗姗太寂寞,想养一只小猫小狗什么的,可在这种人烟稀少的地方,到哪里去找哟!

女儿的"狗"竟是老虎

1974年初夏的一天,我下班刚到家,女儿风风火火跑进门:"妈妈,快去瞧我的狗。"不容分说拽上我就往外走。

随女儿来到岩石下一棵古松旁,姗姗拨开灌木丛指给我看。啊!我不禁双腿发颤,什么狗?原来是一只大老虎!老虎浑身布满黑色条纹,头有牛头那么大,耷拉在两腿之间;眼睛微闭,嘴边的胡子足有3寸长;下半身隐藏在石窝里。

女儿竟然把自己的头靠在老虎的头上，还用小手梳理虎背上的毛，说："我给它喝过好几次水了，它又渴又饿。"

老虎微微睁开眼，嘴唇颤动，发出"呜呜"的呻吟。"妈妈，它是不是有病了？您给它看看吧。"老虎好像听懂了女儿的话，闭上眼睛等待着。我看老虎没有伤害人的意思，忐忑不安的心才稍微安定下来。尽管如此，我仍不敢大意："姗姗，快过来，让妈妈给它看病。"女儿在老虎鼻子上吻了一下说："乖乖，听话，妈妈要给你看病了。"

女儿来到我身边，老虎的头沉重地垂下。谢天谢地，老虎有病了，否则……

后来，我们发现原来这只老虎受了很重的伤。在一家人的精心照顾下，两个月后，老虎的伤好了，我们一家也和它有了感情，丈夫玉刚经常打野兔喂它。我们给它起名叫"灰灰"。它成了姗姗最好的伙伴儿和保护者。白天它和女儿上山玩儿，有时围着姗姗一蹦一跳撒欢，有时用粗尾巴兜着姗姗往前走，有时还让姗姗骑在它背上跑圈儿，逗得姗姗发笑。如果姗姗不跟它玩儿，它就闭起眼睛卧着。晚上它会不声不响回石窝休息。

老虎救了女儿一命

秋天到了。有一天，灰灰黑夜进了森林，早晨再没有回来。女儿哭起来："我想它，没有灰灰我不敢出门玩儿！"我知道有灰灰保护，姗姗是绝对安全的。据说秋天是老虎配偶的季节，兽类也要生儿育女养育幼崽的。

次年春天的一个早晨，女儿从外边跑进屋来喊道："妈妈，灰灰回来了，您快去看呀！"我急忙随女儿来到岩石下，灰灰平静地躺在古松树下的石窝口上，一动不动。我走过去一摸，它已经没有气息，身僵如石了，然而它的腿蜷缩处有一只猫一样大的小虎还在使尽全力吮吸母体的乳汁。我把小虎抱在怀中，小虎一双水汪汪的眼睛滴溜溜转动，洁白的小乳牙在晨光中闪闪发亮，好可爱啊！我把小虎交给女儿，叫来玉刚把灰灰拖进石窝掩埋了。

我们把小虎抱回家，放在床上。小虎毛色发黄，比它妈妈好看多了，我给它取名"花花"。花花全身一层短绒绒的毛，圆圆的大脑袋与身子不甚相称。我们买来奶粉和白糖，掺上面粉制成乳浆喂它。

三个月后，花花长得像小狗那么大了，很健壮。我们都喜欢坐在炕沿上同它逗闹，它躲藏、纵跳、扑拿，玩儿得可开心了,玩儿累了就卧在我们身边,用粗糙的舌头舔我们的手。花花一天天地长大了。

一天,玉刚带女儿和花花去打猎,从山凹处爬上一只大黑熊来。玉刚很着急,眼见大黑熊直奔姗姗而来。就在这千钧一发之际,花花从老远飞奔而至,勇敢地扑向大黑熊,展开了搏斗。小虎为了保护主人拼死进攻,一纵身跳到黑熊背上猛一口咬住了黑熊一只耳朵。大黑熊又笨又憨,浑身乱摆也不能把花花甩下来,疼得"嗷嗷"直叫,一滚,躺在地上才把花花扔下来。花花很机敏,围着仰面朝天倒在地上的黑熊转圈伺机进攻。黑熊防不胜防,累得呼呼喘气,翻身就跑。

放虎归山依依惜别

1978年,落实政策的文件下来,我们全家可以迁回北京了。我们首先考虑的是花花怎么办?商量的结果是送给省杂技团。

我给省杂技团去了一封信,三天后,安装着铁笼的汽车开来了。我把花花引进铁笼上了锁。开始它在笼中还觉得好玩儿,但是汽车发动时它急了,急得直叫。姗姗爬上车把手伸进笼子梳理它的头,花花把双爪伸出来抱住姗姗双肩不放。我只能硬把姗姗拉下车,花花的目光里闪露着万分焦急的神情,"呜呜"哀鸣着被拉走了。我松了一口气,然而更多地是一种失落感。

没想到七天后,省杂技团又把花花送回来了。来人说:"从到省城后,这只虎一直流泪,把牛肉放在它嘴边它闻都不闻,四天后它饿得蹲不住了,再这样下去它就活不了了。没办法,还是给您家送回来吧!"

花花见到我们时已没有气力站起来,只是摇动摇动尾巴表示欢欣。我赶紧给它灌了一碗牛奶,它才慢慢站起来摇摇晃晃随我们回家。它得了重感冒而且发着高烧,我给它皮下注射了安痛定。这一夜它和我睡在一起,就像它小时候和姗姗在一起一样。经过两周的照料,花花康复了,这回我们决定把它送回大森林去过自由自在的生活。玉刚开始训练它独立生活的能力……

9 人与动物

我们作好了回京的一切准备。接到准迁证的第二天,我们全家把花花送进大森林,忍痛作别。

女儿蹲下身搂着花花的脖子哭了。花花舔去女儿腮边的泪珠,用头蹭女儿的身子。它哪里知道女儿是为它流泪呢!就在它去追一只野兔时,我们悄悄离开了森林,之后坐汽车到县城,当晚乘上回京的列车。

这一夜狂风怒吼,大雨倾盆,而小虎独自留在原始森林里,到哪儿躲避这无情的风雨呢?想到它对我们一家人的温情,想到它保护女儿的勇敢,我流下了伤感的眼泪。

(有删改)

1. 文中哪些地方是表现人与虎之间有感情的语句?(不超过100个字)

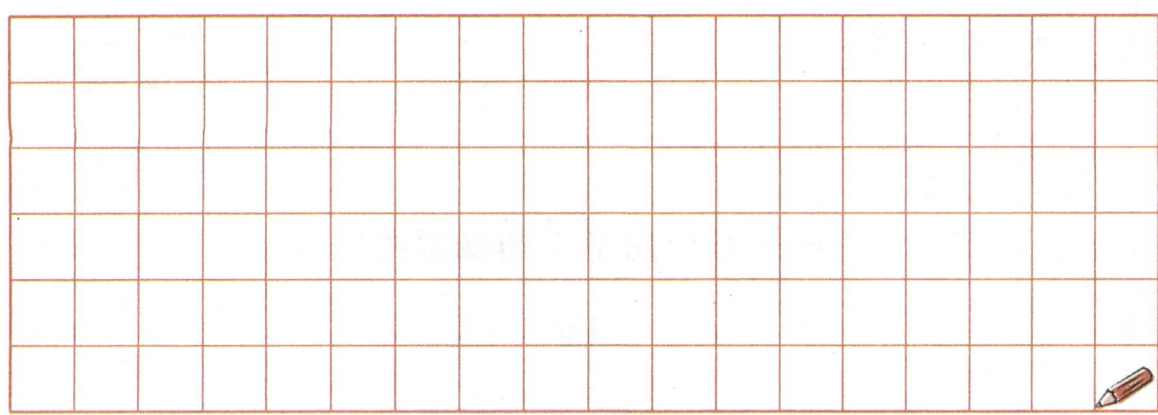

2. 谈谈《人虎深情》读后感(不超过100个字)

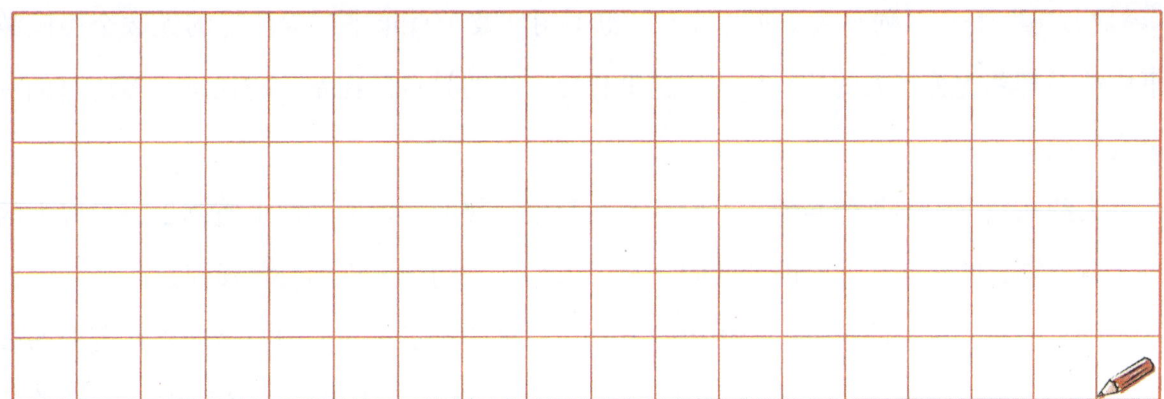

课　文

课文导读

作者记述了自己一家和一窝喜鹊的动人故事，勾画出人和动物和谐共处的感人一幕。在作者一家救了小喜鹊之后，还提供给小喜鹊一个安全成长的场所。小喜鹊长大后，知恩图报，叼了杏子报答作者及其家人。此情此景，虽是小事，却感人至深。

思考题

1. 人类值得珍视的情感有哪些？请举例说明。
2. 动物有情感吗？请举例说明。
3. 动物对人类来说重要吗？为什么？

一个永远忘不了的真实故事

晨曦

凡看过马戏团动物表演的人无一不惊叹于那些动物演员们非凡的智慧与高超的演技。诚然，要想其表演得好，即使是再优秀的动物演员也绝对离不开训兽师无数次辛勤的调练，但这些生灵们本身所具有的灵性确也是无可否认的。且不论有关"义犬复仇""鹦鹉救主"等一系列感人至深的故事，也不用涉及千百年来广为流传的无数个民间故事中那一幕幕优美动人的情节描述，这里我要讲述的是自己在童年时代亲身经历过的一个真实故事。

大约在我十岁那年的春天，一对喜鹊在我家门前的一棵大杨树上筑起了一个好大的巢。看着漂亮的喜鹊在翠绿的新叶间穿来飞去，明媚的春天更加喜气洋洋。

以后，随着夏季的到来，大杨树的枝叶越来越繁茂了，好大的一个鸟巢在茂密的枝叶间若隐若现，难得一见其庐山真面目①，只是这对喜鹊来来回回穿梭于枝叶间的活

---

① 庐山真面目：此句出自宋代大文学家苏轼《题西林壁》诗："不识庐山真面目，只缘身在此山中。"意思是不了解庐山的真实面目，只因为身在庐山之中，视野受到了限制。庐山是中国名山。"庐山真面目"后来用于比喻事物的真相或人的本来面目。

动越加频繁和欢快了，母亲说："窝里有小喜鹊出世了，它们在忙着给自己的孩子喂食呢！"我好羡慕小喜鹊呀，它们出生在空中楼阁里，长大了还会在蓝天白云下尽情尽兴、自由自在地飞翔……于是对母亲说："我要是能变成一只鸟该有多好啊，不用走土路、爬山、过河，还可以站在高高的枝头上唱歌！"母亲慈爱地摸摸我的头说："长了铁嘴可是再也变不回人来的哟！"于是，我不得已只好收回将自己变成小鸟的"野心"，只是仍旧怀着万分羡慕的心情，一有空就坐在门槛上望着飞来飞去的喜鹊和其他鸟儿们出神。

就在那年仲夏的一天晚上，整整刮了一夜的大风。清晨天刚放亮，"喳喳喳""喳喳喳"，一阵喜鹊的叫声将我们全家人从睡梦中惊醒。按照老家人的习惯，清晨听到喜鹊叫意味着当天将会有喜事临门，是个再好不过的兆头了，因此，虽然晨梦被扰，但心里却非常高兴。无奈这喜鹊一直叫个没完，而且听声音不像是停在一处叫，有时好像是落在树枝上叫，有时好像是站在地面上叫，而有时又好像是飞在半空中叫，再仔细听，那叫声似乎万分焦虑，一声紧似一声。母亲说："今天这喜鹊叫得不对劲，你们快去看看，会不会是昨天夜里的大风把它们的巢给吹下来了！"我们兄妹几个素来喜爱那窝喜

鹊，一听这话心里都很着急，于是二话没说赶快胡乱穿上衣服就往外跑。一出大门，一眼就看到了不幸被母亲言中的一幕：大杨树上的那个好大的喜鹊巢不见了！而更让我们吃惊和想不到的是：离开大杨树不远的地上有一个残破不堪的鸟巢，落巢里一只羽毛未丰的小喜鹊正扑棱着翅膀嘶哑地惨叫着，一对大喜鹊在它的周围飞上飞下，但一点儿办法也没有……我们兄妹几个一时没了主意，好像钉子一样呆在那里。到底哥哥大一点儿，只呆了几秒钟就反应过来了，只听他急急地对我说："这太危险了，一会儿跑来猫和狗的还不给吃了！我和弟弟看着，你快去告诉妈妈！"我一听有道理，就急忙掉头往回跑。母亲听明白我说的情况后略想了一想就说："有办法了！"她一边喊父亲赶快把我家养小鸡的笼子找出来，一边就和我一起跑到"出事"地点，将那只可爱的，然而在此时看来又非常可怜的小喜鹊轻轻地捧在手里，并高高举过头顶，好让大喜

鹊看得清清楚楚；然后，我们娘儿几个一边招呼着大喜鹊，一边慢慢地走回我家小院中。这时，父亲已经将我家那个用高粱杆扎成的养小鸡用的笼子收拾好放在院子当中了。母亲将小喜鹊放进笼子里，关好笼子的门，又将笼子挂在屋檐下。做着这一切的时候，那对大喜鹊一直飞飞落落地跟在我们周围不停息地叫着，一开始叫声很是惨烈，但可能是发现我们不会伤害它们的孩子的缘故吧，它们慢慢地不那么狂叫了。当我们都进入屋子后，它们和笼子里的小喜鹊一呼一应地叫了好一会儿。再后来，笼子里的小喜鹊慢慢安静下来了，大喜鹊便一齐飞走了，小喜鹊则不停地在笼子里东张西望。不一会儿，一只大喜鹊又飞了回来，它那尖尖的大嘴巴里衔着一条小虫子，飞飞停停，一点一点地慢慢靠近笼子……我们大家瞪眼瞅着连大气也不敢出，一直到看着它将小虫子喂到小喜鹊大大张开着的小嘴巴里方才长长地出了一口气。

  从此以后，大喜鹊日日无数次飞来飞去辛勤喂养着自己的孩子。

  小喜鹊在我家的鸡笼子里慢慢地长大了，身上长出了丰满而美丽的羽毛。喜鹊爸爸和喜鹊妈妈也不再害怕我们，即使我们兄妹们在院子里蹦跳玩耍和大声嬉戏，父母亲在院子里干活计，甚至左邻右舍的大人小孩来来往往，它们也照样往返照顾小喜鹊，毫无怯意。小喜鹊呢，和我们简直成了最好的朋友！母亲偶尔取下笼子让我们收拾鸟便，它会亲昵地小声叫唤，并用尖尖的嘴巴轻轻地啄我们的手指尖玩儿。

  小喜鹊一天天长大了，每当看到它的爸爸或妈妈在笼子前飞来飞去时，它就会在笼子里扑扑棱棱扇动自己的翅膀。于是有一天，母亲将笼子门打开让它试着飞，但它冲出笼子后直斜扑棱着落在墙角下，又连着飞了几次还是飞不起来，大喜鹊见状急得直叫，母亲只好将它再次放回到笼子内。然而就在几天后的一个上午，不知大喜鹊用什么办法自己打开了笼子的门将小喜鹊领走了。当母亲听到屋檐前一串接一串欢快的叫声赶忙出来看时，小喜鹊正展翅跟在大喜鹊后面飞呢，不过，它们并没有一下子飞走，而是飞落到院子里的一棵桃树上，稍停，又飞回到笼子前面盘旋几圈，冲着母亲连叫数声，最后才恋恋不舍地飞去。它们的新巢筑在什么地方，我们无从知道，好一阵子，我们全家都非常想念它们，又过了些日子，也就渐渐淡忘了。

  转眼间一年过去了，次年的夏天异常炎热。当麦子成熟、杏子变黄的时候，山村小学的伏假就到了。我们兄妹们年龄相差无几，当时已经上学的几个全都分散在同一所学校的不同年级中。学校宣布放假后，大的帮小的背上书包，一溜烟跑回家中吵吵嚷嚷寻找各自放书包写作业的地方。忽然，"喳喳喳""喳喳喳"，从窗外传进来一阵熟悉的喜鹊叫声，大家不约而同地停止了喧闹，争先恐后地挤出屋门看时，发现一只好漂亮的

9 人与动物

喜鹊正站在我家的窗台上，它的嘴巴很吃力地衔着一颗颇大的杏子在窗台上跳了两跳，放下杏子又"喳喳喳"地叫了几声，然后展翅飞走了。母亲走过去拿起这颗非同寻常的杏子，包括年龄最小尚未上学的妹妹在内，大家都好一会儿说不出一句话来……这是一颗熟透了的杏子，个头儿特大，圆溜溜的，黄里透红，散发着一阵阵清香，在它的表皮上，清晰地留着喜鹊用自己的嘴巴衔夹出来的两个深深的压痕……母亲说："喜鹊最爱吃熟透了的杏子……"原来，这只充满灵性的喜鹊口衔一颗自己最爱吃的杏子来报答我们的呵护之恩！因为，从它的眼神中我们清楚地看出它确实认识我们！

好多年过去了，如烟的往事总是随着岁月的清风在淡淡地散去，但这一件发生在遥远的童年时代的小事却一直深深地留在我的记忆中，每当闭目回想，就好像发生在昨天一样。感谢这珍贵的记忆，它时刻唤起我对世上一切生灵的深深的爱。

（有删改）

思考与回答

1. 作者是怎么描写她所观察到的喜鹊的？

   翠绿　　来来回回　　飞翔

2. 面对鹊巢被毁的灾难，当时孩子和大人是怎么做的？

   胡乱　　万分焦虑　　言中　　捧

3. 从发生不幸到这家人把小喜鹊放进笼子里，大喜鹊有什么样的表现？

   飞飞落落　　惨烈　　衔

4. 从羡慕喜鹊到喂养喜鹊，再到面对喜鹊报恩，课文是怎么描写作者思想发展脉络的。

   自由自在　　不得已　　野心　　出神　　辛勤　　毫无怯意　　争先恐后

5. 谈谈你读完这篇课文后的感想。

词语

1.	马戏团	mǎxìtuán	(名)	表演马戏艺术的团体。
2.	非凡	fēifán	(形)	超过一般。
3.	高超	gāochāo	(形)	好得超过一般水平。
4.	诚然	chéngrán	(连)	固然（引起下文转折）。
5.	生灵	shēnglíng	(名)	〈书面语〉指人或动物。
6.	复仇	fù chóu		报仇。
7.	鹦鹉	yīngwǔ	(名)	一种鸟，头部圆，嘴呈钩状，羽毛美丽，有多种。能模仿人说话的声音。通称"鹦哥"。
8.	情节	qíngjié	(名)	事情的变化和经过。
9.	描述	miáoshù	(动)	用语言或文字形象地叙述。
10.	讲述	jiǎngshù	(动)	把事情或道理讲出来。
11.	亲身	qīnshēn	(副)	亲自。
12.	喜鹊	xǐquè	(名)	一种鸟，嘴尖，尾长，身体大部为黑色，肩和腹为白色，叫声嘈杂。传说听见它叫将有喜事来临。
13.	巢	cháo	(名)	鸟的窝，也称蜂、蚁等的窝。
14.	翠绿	cuìlǜ	(形)	像翡翠那样的绿色。
15.	明媚	míngmèi	(形)	（景物）鲜明可爱。
16.	繁茂	fánmào	(形)	（草木）繁密茂盛。
17.	频繁	pínfán	(形)	（次数）多。
18.	出世	chūshì	(动)	出生。
19.	飞翔	fēixiáng	(动)	泛指飞。
20.	慈爱	cí'ài	(形)	（年长者对年幼者）仁慈喜爱。
21.	不得已	bùdéyǐ	(形)	无可奈何；不能不如此。

22. **收回**	shōu huí		把发出去或借出去的东西、借出去或用出去的钱取回来。
23. **野心**	yěxīn	(名)	巨大而非分的欲望。
24. 门槛	ménkǎnr	(名)	门框下部挨着地面的横木（也有用石头的）。
25. **出神**	chū shén		因精神过度集中而发呆。
26. 仲夏	zhòngxià	(名)	夏季的第二个月，即农历五月。
27. 喳	zhā	(象声)	形容雁、鹊等鸟叫的声音。
28. 临门	línmén	(动)	来到家门。
29. 兆头	zhàotou	(名)	预兆。
30. 焦虑	jiāolǜ	(形)	着急忧虑。
31. 对劲	duìjìnr	(形)	合适。
32. 素来	sùlái	(副)	从来；向来。
33. 胡乱	húluàn	(副)	马虎；随便。
34. 言中	yán zhòng		事实与推测或预言相合。
35. 残破	cánpò	(形)	残缺破损。
36. 扑棱	pūleng	(动)	抖动或张开。
37. 嘶哑	sīyǎ	(形)	声音沙哑。
38. 高粱杆	gāolianggǎnr	(名)	一种扁长叶农作物的干茎。
39. 屋檐	wūyán	(名)	房顶伸出墙外的部分。
40. 惨烈	cǎnliè	(形)	十分凄惨。
41. 衔	xián	(动)	用嘴含。
42. 瞅	chǒu	(动)	〈方言〉看。
43. 方才	fāngcái	(副)	才。
44. **丰满**	fēngmǎn	(形)	（身体或身体的一部分）胖得匀称好看。
45. 嬉戏	xīxì	(动)	〈书面语〉游戏；玩耍。
46. 活计	huóji	(名)	泛指各种体力劳动。

47. 怯意	qièyì	（名）	害怕的样子。
48. 叫唤	jiàohuan	（动）	（动物）叫。
49. 啄	zhuó	（动）	鸟类用嘴取食物。
50. 盘旋	pánxuán	（动）	环绕着飞。
51. 无从	wúcóng	（副）	没有门径或找不到头绪（做某件事）。
52. 炎热	yánrè	（形）	（天气）很热。
53. 一溜烟	yíliùyānr	（副）	形容跑得很快。
54. 寻常	xúncháng	（形）	平常（古代八尺为"寻"，"寻"的两倍为"常"，寻和常都是平常的长度）。
55. 散发	sànfā	（动）	发出。
56. 压痕	yāhén	（名）	对物体施加压力留下的痕迹。
57. 报答	bàodá	（动）	用实际行动来表示感谢。
58. 呵护	hēhù	（动）	〈书面语〉爱护，小心保护。
59. 往事	wǎngshì	（名）	过去的事情。

四字词语

1. 若隐若现	ruò yǐn ruò xiàn	形容隐隐约约。
2. 空中楼阁	kōng zhōng lóu gé	指海市蜃楼，多用来比喻虚幻的事物或脱离实际的理论、计划等。本课指建在树上的鸟窝。
3. 自由自在	zìyóu zìzài	形容没有约束，十分安闲随意。
4. 羽毛未丰	yǔmáo wèi fēng	小鸟没长成，身上的毛还很稀疏。比喻年纪轻，经历少，不成熟或力量还不够强大。
5. 东张西望	dōng zhāng xī wàng	形容这里那里地到处看。
6. 左邻右舍	zuǒ lín yòu shè	周围的邻居。

7. 恋恋不舍　　liànliàn bù shě　　形容舍不得离开。

8. 相差无几　　xiāng chā wújǐ　　二者距离不远，或差别不大。

9. 争先恐后　　zhēng xiān kǒng hòu　　抢着向前，唯恐落后。

词语讲解与练习

一 词语例释

1. 描述

名词 指形象地写出来的内容。

◎ 且不论有关"义犬复仇""鹦鹉救主"等一系列感人至深的故事，也不用涉及千百年来广为流传的无数个民间故事中那一幕幕优美动人的情节描述，这里我要讲述的是自己在童年时代亲身经历过的一个真实故事。

① 很多人喜欢这位作家是因为他笔触细腻，能对人的情感世界作纯粹而彻底的描述。

② 理解音乐作品的深刻含义比理解单纯的文字描述困难得多。

③ 大家听了他绘声绘色的描述后，心中都生出要去那个美丽而神秘的地方亲身感受一下的愿望。

 常与表示内容情态等方面的词语搭配使用，常用做宾语。

动词 用语言或文字形象地进行叙述。

④ 我希望自己能用诗人的笔触来描述眼前所见到的一切。

⑤ "颁奖大会上当听到主持人念到我的名字时，我的心怦怦地跳得厉害。"他这样描述自己当时的心情。

⑥ 他查阅了大量的有关资料，采访了许多当事人，并作了实地考察，以便能真实生动地描述那场大地震后的日日夜夜。

指描写叙述，形象地叙述。常用做谓语。

2. 亲身

副词 意思是本身；自身。

◎ 这里我要讲述的是自己在童年时代亲身经历过的一个真实故事。

① 那儿的生活一定很有意思，请你谈谈你在那里的亲身经历和真实体验。

② 这部话剧是居民和社区干部根据生活和工作中的亲身感受自编、自导、自演的。

③ 他们亲身体会到开放稳定的社会生活所带来的美好感觉。

📖 常修饰"经历""感受""体会"等词语，作状语。

3. 不得已

形容词 意思是无可奈何；不能不如此。

◎ 我不得已只好收回将自己变成小鸟的"野心"，只是仍旧怀着万分羡慕的心情，一有空就坐在门槛上望着飞来飞去的喜鹊和其他鸟儿们出神。

① 为了稳定她的情绪，只有在不得已的情况下我们才可以把她家中发生的真实情况告诉她。

② 搬家是件很麻烦、很辛苦的事情，不到万不得已绝不轻易考虑搬家。

③ 亲属、朋友一般都可以买站台票进出站台接送客人，车站方面不到万不得已是不会停售站台票的。

📖 用做谓语或定语。常与"万"相接，有加强语气的意味。

4. 丰满

形容词₁ 意思是鸟类的羽翼长成，比喻人在政治上成熟或某物成长起来。

◎ 小喜鹊在我家的鸡笼子里慢慢地长大了，身上长出了丰满而美丽的羽毛。

① 三只小鸟在孩子们的精心照料下，从瘦小的幼鸟长成羽翼丰满的小鹰，今天被放归大森林。

② 小燕子展开刚刚丰满的翅膀，迎着春风在天空中轻轻飞翔。

③ 羽翼丰满的新兴汽车工业在强手如林的世界汽车市场开始勇敢搏击，迎难而上。

📖 常与"羽翼"搭配使用，用做定语、谓语。

形容词₂ 身体或身体的一部分胖得匀称好看，也引申为人物形象生动、立体。

④ 这些女孩子个个体态丰满，身姿优美。

⑤ 唐代的佛像雕塑艺术，出现了温柔敦厚、关心世事的神情笑貌和健康丰满的体态。

⑥ 作家努力把作品中的人物形象创作得血肉丰满，真实感人。

📖 常指人体、形象等，用做谓语。

5. 无从

副词 意思是找不到做事的头绪。

◎ 它们的新巢筑在什么地方，我们无从知道，……

① 老板从不跟下属员工交换想法，所以对下属员工的思想活动无从知晓。

② 不提高农民的文化知识水平，推广农业先进技术，实行农村科学化管理，农村的全面小康就无从谈起。

③ 案件正在调查中，现在警方对案件无从作出明确的结论。

📖 前一分句常指出否定性的事实或不能确定的情况，引出后句找不到做事的头绪的结论。常与"知晓""谈起""作出结论"搭配使用。

二 词语辨析

1. 高超　高明

高超

◎ 凡看过马戏团动物表演的人无一不惊叹于那些动物演员们非凡的智慧与高超的演技。

① 这个杂技团的男女演员以高超的技艺和独特的风格给观众留下了深刻的印象。
② 电脑网络员要以高超的技术手段确保网络虚拟世界一尘不染、秩序井然。
③ 那些武术运动员在少林寺学过武术，他们武术水平高超，个个身手敏捷。
④ 许多观众为女子特警队员过人的胆识、高超的军事技能深深折服。
⑤ 参加评奖的作品要求具备深刻的思想性、严肃的历史性和高超的艺术性。

高明

⑥ 渔业要得到持续发展，就应该一边用大网捕鱼，一边投放小鱼苗，这种做法比用密网一网打尽高明得多。
⑦ 这步棋走得真高明，本来要输的棋形势一下子发生了根本的转变。
⑧ 不是我的鉴别能力比你高明，而是我没有放弃作品的细节和深层的东西。
⑨ 再高明的盗贼最终也会落入法网，受到应有的审判。
⑩ 要想电脑不被黑客侵害，就必须依靠比黑客更高明的电脑专家。

异同归纳		高超	高明
同	词性	形容词	
	词义	形容技能、本领、办法、见解等比一般水平高。	
	句法功能	都可作定语和谓语。	
异	词义侧重	着重于好得超出一般水平，高到难以逾越的程度。	着重于好得高于一般水平。
	句法功能	不作补语。	可作补语，例⑦ 可用在比较句中。 例⑧⑩
	搭配对象	技能、本领、手段…… 例①②④	常用于修饰人。 例⑨⑩
	语体风格	多用于书面。	多用于口语。

2. 出神　凝神

出神

◎ 我一有空就坐在门槛上望着飞来飞去的喜鹊和其他鸟儿们出神。

① 他见我出神的样子，不禁问了句："怎么，在那边你有亲人吗？"

② 周炳不仅领会她的用意，听得十分出神，——甚至都听呆了。

③ 老何停下来，又点着了一支烟，对着窗外的月光出起神来。

④ 老人语气舒缓地讲述着他小时候的故事，孩子们都出神地听着。

⑤ 满天星斗，偶尔一颗流星划过夜空，消失在黑暗中，大家都静静地仰望天空出神。

凝神

⑥ 中央电视台正在举办青年歌手电视大奖赛决赛，人们凝神静气地等着比赛的最后结果。

⑦ 交响乐演奏非常精彩，优美的旋律在音乐厅里飘荡，观众们陶醉地凝神聆听。

⑧ 台上正在表演歌舞，舞台边上十来个注目凝神的小脑袋随着舞者的移动而转动。

⑨ 画面上的风景充满了生机，色彩明亮，线条流畅，人们都在它的面前驻足凝神，感受着美的洗礼。

⑩ 选手们站在领奖台上，在国歌乐曲声中，双目凝神地注视着冉冉升起的国旗。

异同归纳		出神	凝神
同	词性	离合动词	
	词义	表示精神集中。	
	句法功能	中间都可以插入其他成分，都可作谓语、定语和状语。	

异同归纳		出神	凝神
异	词义侧重	着重于精神过于集中而发呆，属于一种不自觉的动作。	着重于聚精会神，属于一种自觉的动作。
	句法功能	可作补语；中间可插入"了""起来"；不能重叠。	不可作补语；中间可以插入"着"，如"凝着神"；可重叠，如"凝凝神"。
	语体风格	多用于口语。	多用于书面。

3. 炎热　火热

炎热

◎ 转眼间一年过去了，次年的夏天异常炎热。

① 近一周来因气候炎热，一些森林发生了大面积火灾。

② 洒水车沿着街道缓缓行驶，向路面喷洒着水雾，给炎热的街头带来了一丝淡淡的凉爽。

③ 入夏以来，本地区出现了大范围35~38摄氏度、局部40摄氏度以上的高温炎热天气。

④ 饲养员把冰块放置在动物馆内，以缓解炎热的高温天气给动物们带来的不适。

⑤ 吐鲁番的炎热是举世闻名的，那里最高气温可以达到45摄氏度。

火热

⑥ 河边的风很大，我们身体前面被烤得火热，后背却感到很冷。

⑦ 荷兰浴室里边四壁包着木板，一角放置的两大桶炭被烧得火热，把水浇在上面，热气立刻在浴室中弥漫开来。

⑧ 这里白天阳光灿烂，气温随着火热的阳光保持一定的"高度"，所以不太适合室外活动。

⑨ 我们感受到其实人人都有一颗火热的心。

⑩ 红灯笼最能增添喜庆的气氛，所以各种各样的红灯笼成了元旦春节市场上火热销售的商品。

异同归纳		炎热	火热
同	词性	形容词	
	词义	非常热。	
	句法功能	都可作定语。	
异	词义侧重	着重于天气很热。多用于与天气、气候一类情况有关的语句中。	着重于像火一样热。可以指物体很热，也可形容情感热烈，也可以表示情况热烈。多用于物体、场面、情感方面的语句中。
	句法功能	可作谓语；也可用做名词，作主语；不作补语。　　　例⑤	可作补语。　　　例⑥⑦
	搭配对象	天气、气候、季节、夏天……　　课文例句、例①③④	阳光、心……　　　例⑧⑨ 销售……　　　　例⑩

4. 报答　回报

报答

◎ 原来，这只充满灵性的喜鹊口衔一颗自己最爱吃的杏子来报答我们的呵护之恩！

① 他踏入大学校门，下决心要加倍努力学习，取得好成绩，报答父母和许多关心、帮助过他的人。

② 运动员出发前纷纷表示，一定要在奥运会上取得好成绩来报答全国人民对他们的期望和厚爱。

③ 一些家长认为自己为抚养孩子付出了很多辛苦，孩子报答养育之恩是理所应当的。

④ 这次球赛主场是在家门口，球员们都暗下决心，一定要踢好这场球来报答家乡的球迷们。

⑤ 学生们在讨论自己成长的时候都想到了老师，他们一致认为只有努力学习才是对老师的最大报答。

回报

⑥ 得到特许经营权的经营者希望快些收回成本，并获得更大的回报，为此他们努力调整经营方式。

⑦ 资本的作用就是获得利润，因此资本总是向回报高的地方流动。

⑧ 按照国家的有关政策规定，民办教育的投资者可以取得合理回报。

⑨ 投资环境和资本回报率是影响投资者进入国际金融市场融资的基本因素。

⑩ 医学院的毕业生满怀信心地走上工作岗位，他们要以精湛的医术和赤诚的爱心来回报祖国和人民。

	异同归纳	报答	回报
同	词性	动词	
	词义	用实际行动表示感谢。	
	句法功能	都可作谓语。	
异	词义侧重	侧重于感谢，感恩。表示怀着感恩的心情，通过实际行动去对有恩的人、单位或者社会进行补偿。	侧重于物质的回馈。表示用实际行动或钱财进行补偿或者通过实际行动得到钱财方面的补偿。
	句法功能	"报答"后面的宾语多为接受感谢的对象。 "报答"自身也可作宾语。　如例⑤	常作"取得""获得""得到"的宾语。　例⑥⑧
	搭配对象	人、恩、单位、社会…… 课文例句、例①②③④⑤	取得、获得、得到……　例⑥⑧
	习惯用语		回报率

三 词语搭配

1. 描述

   ~的内容　　　准确地~　　　进行~
   ~的对象　　　大胆地~　　　加以~
   ~的人物　　　生动地~　　　难以~

2. 出神

   ~的样子　　　~地坐着　　　看得~
   ~的姿态　　　~地看着　　　听得~
   ~的表情　　　~地望着　　　想得~

3. 散发

   ~的芳香　　　慢慢~　　　　~着幽香
   ~的气味　　　迅速~　　　　~着酸味
   ~的冷气　　　一点一点~　　~着酒气

4. 报答

   ~的对象　　　真诚地~　　　~祖国
   ~的方式　　　主动地~　　　~父母
   ~的结果　　　直接地~　　　~朋友

四 练习

（一）模仿例子组成新词

1. 高超　　高___　　高___　　高___　　高___
2. 描述　　描___　　描___　　描___　　描___
3. 亲身　　亲___　　亲___　　亲___　　亲___
4. 飞翔　　飞___　　飞___　　飞___　　飞___
5. 收回　　收___　　收___　　收___　　收___

6. 报答	报___	报___	报___	报___
7. 野心	野___	野___	野___	野___
8. 往事	往___	往___	往___	往___
9. 丰满	丰___	丰___	丰___	丰___
10. 眼神	眼___	眼___	眼___	眼___

(二)选择适当的词语填空

> 高超　高明　　出神　凝神　　炎热　火热　　报答　回报

1. 我们大家都很吃惊，他怎么会想出这么_____的主意。

2. 现在这种产品的市场_____率很高，所以很多厂家争相大量生产这种产品。

3. 面对恶劣的环境和艰难的旅程，登山队员们表现出互助友爱的_____情怀和乐观向上的大无畏精神。

4. 孩子们在给父母的信中最爱说的一句话，就是长大以后一定要_____父母对他们的养育之恩。

5. 弟弟妹妹望着被他们碰落在地打得粉碎的花瓶_____，不知道该如何是好。

6. 一到_____的夏天，人们就一家一家来到海边疗养地度假消暑。

7. 他站在一幅画前_____思索了半天，想从画面奇怪的线条中找出作画人的意图。

8. 她那俊秀的形象和_____的球技给所有在场观看乒乓球比赛的人留下了深刻的印象。

(三)选择适当的四字词语填空

> 若隐若现　自由自在　羽毛未丰　东张西望
> 左邻右舍　恋恋不舍　相差无几　争先恐后

1. 小鹰的妈妈将它产在生态站生活区的一棵树上，幼小好动的小鹰_____便急于窥探外面的世界，不小心掉落到地上。

2. 烟台市出现罕见的海市蜃楼奇观。一座空中楼阁在烟台山附近海天_____，恍如仙境。

3. 两只猴子走下山来到镇子的街头，它们一前一后，其中一只猴子还不时手搭凉棚_____，样子十分可爱。

4. 我很喜欢鸟，喜欢看鸟儿在天空中_____飞翔的样子。

5. 一项研究结果表明，包括风行欧美的四种减肥食谱在内的各种减肥方法，其减肥效果其实_____。

6. 大约1600年前，为避战乱，客家先民一步三回头，淌着热泪，_____地离开了中原故土，开始了艰难而遥远的南迁之路。

7. 昙花花开花谢时间很短，而且一般是在夜间，难得观赏到，所以我家养的昙花开花时，_____纷纷赶来观看。

8. 大家爬了几个小时的山路，又渴又累，见山路旁有一眼汨汨流出的泉水，于是_____地喝了起来。

(四) 为四字词语选择适当的位置

1. 羽毛未丰

   驯鸟的 A 对象要选择 B 的雏鸟，C 成年鸟秉性已定，D 很难驯服。　　（　　）

2. 左邻右舍

   王阿姨、周叔叔 A 他们都是些 B 对人忠厚、和蔼、亲切而又善解人意的人，C 生活在这样的 D 之间，我真是太幸福了。　　（　　）

3. 若隐若现

   峡谷中有一条 A 清亮的溪水，四周长满了 B 不知名的山花和葱郁的大树，远处的山峰 C，真叫人 D 目不暇接。　　（　　）

4. 争先恐后

   报告进行到提问时间，A 听众当然不会轻易放弃与科学大师面对面 B 交流的机会，大家 C 举手要求 D 提问。　　（　　）

5. 自由自在

   这绝对是一个 A 好天气，B 树上的鸟儿也 C 地唱着快乐的 D 歌。

   （　　）

6. 无时无刻

   地球表面 A 好像是静止不动的 B。实际上，C 地球表面 D 不在震动。

   （　　）

7. 东张西望

   我大老远 A 就瞅见外公夹着一个包，站在路边 B，像是 C 在等什么 D 人。

   （　　）

8. 相差无几

   其实 A 他所说的这些跟 B 我想的 C，所以我并不感觉意外 D。（　　）

（五）用指定词语完成句子

1. 当飞机驾驶员可不是一件容易的事情，除了要学过航空理论，身体过硬以外，还要_____。（高超）

2. 作为教师，_____，但品行更不容忽视。这些是教师所应该具备的最基本的条件。（诚然）

3. 你说那里风景多么多么优美，可我去那里一看感到有些失望，并不像_____。（描述）

4. 这些是_____不信你去问问我的同学，当时他们跟我一起经历了这些事情。（亲身）

5. 小时候她常幻想自己变成一只小鸟，_____！（飞翔）

6. 爬山爬到一半突然遇上了大雨，雨越下越大，大家_____。（不得已）

7. _____，我也朝她望着的夜空方向看去，想知道她到底在看什么。（出神）

8. 他从来不跟别人交谈，他的脑子里到底在想什么，_____。（无从）

9. 毕业离开学校前同学们表示，一定要用学到的知识为社会尽自己的一份力量，_____。（报答）

10. 小猫碰倒了窗台上的花瓶，花瓶落地破碎的声音吓得它_____。（一溜烟）

(六) 用指定格式完成句子

1. A：他是个非常聪明的人，不必亲自动手去做就能完成任务。

   B：我不这样想，＿＿＿＿＿＿＿＿＿＿＿＿＿＿＿＿＿＿。（要想……即使是……）

2. A：我想独自周游世界，你看我行吗？

   B：我看不行。＿＿＿＿＿＿＿＿，＿＿＿＿＿＿＿＿，＿＿＿＿＿＿＿。

   （且不论……，也不要说……，……）

3. A：我认为今后人们的生活会越来越好。

   B：可不是。＿＿＿＿＿＿＿＿＿＿，＿＿＿＿＿＿＿＿＿＿＿＿。

   （随着……，……越来越……）

4. A：工作面试以前我中了彩票，是不是好兆头？

   B：那还用说，＿＿＿＿＿＿＿＿＿＿＿＿＿＿＿＿＿＿。（再好不过）

5. A：你从小李那儿借到词典了吗？他可是个愿意帮助别人的人。

   B：一点儿不错。我一跟他说借词典的事，＿＿＿＿＿＿＿＿＿＿。（二话没说）

(七) 下面每句话都画出了 ABCD 四个部分，请挑出有错误的部分

1. 鸟类们相互间的友情，看起来似乎不像哺乳动物间的友情那么引人注目。我认
                          A

   为，那是由于它们的内在生活对我们来说较为隐秘；换言之，所以它们有翅膀能
           B

   飞，它们的心智活动也更快、更机敏、更灵活多变，因此鸟类之间的伙伴关系
               C

   不易为人察觉。　　　　　　　　　　　　　　　　　　　　　　　（　　）
     D

2. 在自然保护区内，一只狼和气象站的女工作人员竟成为了好朋友。工作闲暇或
               A

   节假日，只要姑娘对着森林呼喊几声，一只皮毛呈黄色的狼便应声跑来。在姑
             B

   娘面前，这只生性凶猛的哺乳动物变得温情脉脉，她陪伴它进山散步，然后又
         C

   护送她回家。　　　　　　　　　　　　　　　　　　　　　　　　（　　）
     D

3. 憨态可掬的企鹅爸爸是动物世界里最温柔的爸爸，在零下 60 度的冰天雪地里，
   A   B
它们担当着孵宝宝的重任，它们把企鹅蛋藏在两脚之间，用温暖的羽毛盖，让
                                                              C
宝宝每时每刻感受到它们的体温。   （   ）
   D

4. 一只弱小的羚羊妈妈，在小羚羊遇到野狗围攻的时候奋不顾身地保护孩子，尽
   A   B
管遍体伤痕累累也丝毫不放弃，在这样高超的母爱面前，野狗们终于放弃了自
        C   D
己的猎物。   （   ）

5. 公共汽车驶过乡间，我突然见到村口有一群蓝灰色的鹅兴奋地冲向公路。司机
   A   B
向它们按着三下喇叭，这时鹅群纷纷扑打翅膀嘎嘎地叫了起来，表示热烈欢迎。
   C   D
                                                           （   ）

语法讲解与练习

让步复句

让步复句通常是一个句子表示退让一步，把某种已实现或未实现的事实当做推论的真实条件，另一个句子则说明依据这一条件所产生的结果。

◎ 即使是再优秀的动物演员也绝对离不开训兽师无数次辛勤的调练，但这些生灵们本身所具有的灵性确也是无可否认的。

① 清洁工人认真地清理着大街上的垃圾，哪怕地上只有一片树叶她也要扫起来。

② 自从买了汽车，即便去干洗店、邮局这样只有几步路远的地方他也会以车代步。

③ 那里的一些特色餐馆，即令是开在闹市区的黄金地段，也都属中低档水平，豪华谈不上，但都还干净朴素。

④ 夸大文学的作用固然是不对的，但是不承认文学对社会有着重要的影响也是不符合实际的。

⑤ 她们姐妹俩长得一模一样，就是家里人辨认，有时候也分不清楚。

⑥ 这项工作难度太大，就算几天几夜不睡觉，你们也很难在这么短的时间内完成。

⑦ 修建这样的大工程，纵使一个人有天大的本领，没有千千万万劳动工人参与其中也是不可能完成的。

⑧ 他的耐力和速度都比我强，我纵然得到了专门教练的指导，比赛的结果我也还是输给了他。

📖 让步复句一般采用关联词语组合，前句的句子里常见的有"即使、哪怕、纵然、就算、尽管如此"等，后面的句子常用"也"相互照应。比如，前一句中用"即便"表示退一步说承认某种条件或观点，后一句用"也"再向前推进一步说出结论。也有后面的句子用让步复句，借助它来推进前面句子的意思的。让步复句的使用频率较低，而且常与表达特殊的感情需要有关。

常用关联词

口语	哪怕/就是/就算……，也……
书面语	即使/即便/即令/固然/纵使/纵然……，也……

二 练习

（一）选择适当的一组关联词填空

1.（　　）

大家都知道，平时的出租车是随手可招的，＿＿＿＿＿＿到了节假日、下雨天、上下班高峰的时候是很难叫到车的，＿＿＿＿＿＿是电话叫车＿＿＿＿＿＿一样很难叫到。_____这样的状况不改变，对社会经济的持续发展是不利的，给人们的出行和日常生活也带来很多不便。_____当前的一个重要任务就是改善交通状况。

  A. 虽然　即使　因此　也　　然而
  B. 但是　哪怕　也　　如果　所以
  C. 如果　即便　所以　不过　也
  D. 纵然　可是　就　　因此　但是

2.（　　）

"好高骛远，不脚踏实地，_____再聪明的人不努力_____不会成功。你不要太自以为是了！"_____父母这样提醒我，我_____根本没有听进去，仍在高考前天天晚上看电视连续剧，一看就看到深夜。那时我以为课本上的东西没什么实际作用，_____也不愿动脑筋去做练习题，总觉得凭着自己的能力，在考试的时候临场发挥一下，不会有问题。_____当年我没考上大学。

  A. 尽管　却　　也　　不但　竟　　所以
  B. 就算　可是　当然　就　　所以　因而
  C. 即便　而　　不仅　而且　要是　因此
  D. 就是　也　　尽管　却　　而且　因此

（二）模仿例句，用指定关联词完成句子

1. 即使……，也……

  例：这里的人很热情，即使你不去问，也会有人主动来帮助你。

  ① 我对你太了解了，即使你不说，_____。

  ② 我知道你有能力做好这件事，即使_____，你一个人也能做好。

  ③ A：天已经很晚了，今天没完成的工作明天再接着干吧！

    B：这可不行，_____，_____。

2. 哪怕……，也……

  例：金子就是金子，它哪怕被埋在地下，也一定会闪光的。

  ① 这本小说太有意思了，哪怕不睡觉，我也_____。

  ② 演出一定要进行下去，哪怕_____，我们也要把它演好。

③ A：机器擦了两遍，够干净了，不用再擦了。

　　B：这个机器很精密，_____，_____。

3. 就算……，也……

　　例：现在外边正在下雨，就算你已经不发烧了，也不要出去淋雨。

　　① 这种词典需求量很大，就算把书店里的都买下来，也_____。

　　② 试题量太大，就算_____，也不能全部做完。

　　③ A：这里靠近山区，夏天挺舒服的吧？

　　　 B：舒服什么？_____，_____。

4. 就是……，也……

　　例：他是个很要强的人，就是在最困难的时候，也没有向朋友求助过。

　　① 这个孩子很坚强，就是在最伤心的时候，他_____。

　　② 他很懒惰，就是_____，_____。

　　③ A：这些工作三个人一下午还做不完吗？

　　　 B：这么多的工作，_____，_____。

5. 即便……，也……

　　例：从事文学创作是一件很辛苦的事，即便是刚走上这条道路的新人，也会深深体会到它的艰辛。

　　① 现在已经到了拿出决策的最后时间了，即便这个决策会引发灾难性的后果，_____。

　　② 目前的改革就是一种社会进步，_____，也不能停止。

　　③ A：电影刚开始，现在去只是少看个开头，咱们快走吧！

　　　 B：我想算了吧，_____，_____。

（三）按逻辑关系排列顺序

1. A. 也就是说搞文学创作并非不食人间烟火

　　B. 他说出了一个一些人很多年都没有明白的事实

　　C. 所谓的纯文学很难生存

　　D. 或者说即使明白了也不敢面对的事实

　　E. 离开物质基础

2. A. 充满动力
   B. 也会鼓起勇气战胜它
   C. 我就觉得充满干劲
   D. 想到父亲的期望
   E. 哪怕遇到再大的困难

3. A. 所以他很快就被抓捕归案了
   B. 让人一眼就能看出来
   C. 罪犯就是再狡猾
   D. 何况现场留下的痕迹伪装得实在太拙劣
   E. 也难免要被刑事侦查人员戳穿

4. A. 或者去讨论烹调技术什么的
   B. 她也不会有胃口的
   C. 更不要说让她去品尝孩子生前喜爱的食品
   D. 这时候即便是再美味的东西
   E. 一个失去孩子的母亲的心情是可以理解的

5. A. 纵然你有天大的本事
   B. 如果没有了感觉
   C. 爱情是需要感觉的
   D. 爱情就会像一朵快枯萎的花儿
   E. 也不可能阻止它的凋零

9 人与动物

修辞提示与练习

 **叠音**

叠音又称叠字，指相同字（音节）的重叠。叠音是汉语语音修辞的重要手段。在现代汉语中，叠音有两种情况：相同语素或音节的重叠和词语重叠。

（一）相同语素或音节的重叠。它又分为两种情况：

① 农历七夕这一天，喜鹊便纷纷飞来首尾衔接，搭成鹊桥，让牛郎织女在桥上相会。

② 她把事情的经过原原本本地讲述了一遍，所有在场的人都为她所遭遇的不幸感到难过。

③ 生活本身就是充满色彩、充满变化的，你会遇到形形色色的人，各种各样的事，所以不必那么大惊小怪。

常见的相同语素或音节的重叠有：

娃娃　星星　悄悄　炯炯　常常

口口声声　叽叽喳喳　祖祖辈辈

📖 例①②③的相同语素或音节的重叠叫叠音词，它们重叠后构成新词。

◎ 这是一颗熟透了的杏子，个头儿特大，圆溜溜的，黄里透红，散发着一阵阵清香。

④ 在这个宽大光滑、热乎乎的北方乡村土炕上，来自各地的客人像一家人一样，围坐在一起，品桃啃枣，谈北论南。

⑤ 葡萄的收获季节，果农们喜滋滋地在葡萄园里采摘葡萄。看样子这又是一个丰产年。

常见的语素重叠有：

～乎乎　热乎乎　湿乎乎　圆乎乎

～溜溜　滴溜溜　光溜溜　酸溜溜

~丝丝　辣丝丝　凉丝丝　甜丝丝

~滋滋　乐滋滋　美滋滋　喜滋滋

📖 课文例句和例④⑤重叠的部分为语素重叠，接在单音节形容词或单音节动词后边组合成词。

(二) 词的重叠

◎ 且不论有关"义犬复仇""鹦鹉救主"等一系列感人至深的故事，也不用涉及千百年来广为流传的无数个民间故事中那一幕幕优美动人的情节描述，这里我要讲述的是自己在童年时代亲身经历过的一个真实故事。

◎ 母亲慈爱地摸摸我的头说："长了铁嘴可是再也变不回人来的哟！"

◎ 就在那年仲夏的一天晚上，整整刮了一夜的大风。

◎ 将那只可爱的，然而在此时看来又非常可怜的小喜鹊轻轻地捧在手里，并高高举过头顶，好让大喜鹊看得清清楚楚。

◎ 那对大喜鹊一直飞飞落落地跟在我们周围不停息地叫着。

◎ 每当看到它的爸爸或妈妈在笼子前飞来飞去时，它就会在笼子里扑扑棱棱扇动自己的翅膀。

常见的词的重叠有：

慢慢　尖尖　长长　日日　渐渐　深深

一点一点　一串接一串　一天天

吵吵嚷嚷　风风雨雨　日日夜夜　清清楚楚

📖 以上课文例句中重叠的部分是相同词语的重叠，它们不构成新词。

叠音构成成分的特点

　　构成叠音的相同单音或双音字词一般是动词、名词、形容词、副词、量词、数量词、象声词等。

叠音的修辞作用

　　它能鲜明突出地传达语意，形象生动地表情状物，创造和谐流畅的语音。它是书面语表达的一种修辞手段。

 人与动物

二 练习

（一）阅读下面的短文，指出文中哪些属于叠音词语

在园里信步，但见这里一泓深潭，那里一条小渠。桥下有河，亭中有井，路边有溪。石间细流脉脉，如线如缕；林中碧波闪闪，如锦如缎。这些水都来自"难老泉"。泉上有亭，亭上悬挂着清代著名学者傅山写的"难老泉"三个字。这么多的水长流不息，日日夜夜发出叮叮咚咚的响声。水的清澈令人叫绝，无论多深的水，只要光线好，游鱼碎石，历历可见。水的流势都不大，清清的微波，将长长的草蔓拉成了一缕缕的丝，铺在河底，挂在岸边，和着那些金鱼、青苔以及石栏的倒影，织成一条条飘带，穿亭绕榭，冉冉不绝。

（二）找出课文《一个永远忘不了的真实故事》中的叠音词语。

表达与写作

● **表达训练**

1. 动物与人感情深厚的故事有很多，你认为这些故事说明了什么？
2. 人类是自然界的主宰者还是其中的一个普通成员？在自然界中，生物存在等级差别吗？你是怎么看这个问题的？
3. 动物的亲子表现与人类的亲子表现有本质的区别吗？为什么？

● **写作训练**

题目：人与动物

字数：不少于400字

要求：尽量参考并尝试使用课文里的重点词语。可模仿课文写，要求有情节叙述和细节描写，介绍事件发生的时间、地点、发展过程和结尾；有议论和抒情。

扩展空间

名家典藏

《狼图腾》姜戎
《藏獒》杨志军

媒体资源

http：//www.chinabiodiversity.com　（中国野生动物保护网）
http：//www.cnwildlife.com　（野生动物网）

电视专题片《走遍中国——人虎情愁》（上、下）
　　　　　　　　中央电视台海外中心专题部2002年9月（CCTV）

词语追踪

反虐杀动物
素食者

10 国画大师

背景阅读与练习

 一 限时阅读，按要求回答问题  限时：10 分钟

齐白石与中国艺术精神

回想起来已经是几十年以前的事了。那时我大约五六岁，有一天父母带我去商店购物。我在一个脸盆里发现了两只画得活灵活现的虾，就嚷嚷着要把那个脸盆买回去。也许我吵得父母心烦，也许家里正好要添置那么一个脸盆，总之我喜气洋洋地把那个脸盆端回了家。这是我生平第一次见到并买回齐白石的"画"。当然我那时并不知道齐白石为何许人也，虽然脸盆里那两只虾旁边所书的"白石"二字我都已认识。问父亲这两个字是什么意思，答曰这是一个大画家的名字，还说他是我们的老乡，便将我打发了。过了好多年我才知道，父亲不仅与齐白石有过非同寻常的交往，还收藏了好多齐白石的画。大概是因为怕我糟蹋或拿出去与小朋友换东西的缘故，父亲从未将那些画给我看过，直到后来我再也无缘见到那些画。一晃许多年过去了，在觉得"读书无用"的岁月里，我竟鬼使神差般地拿起了画笔，不仅很快把齐白石的身世弄了个一清二楚，还明白了绘画中的"形似"只是一种"见与儿童邻"的低级模仿，我看到过不少其他人画的虾，有的是直接仿白石老人的，也有的是另辟蹊径、独创一格，其中不乏栩栩如生乃至形神兼备者，然而看来看去，却总觉得其中还是少了点儿什么。

去年五月在俄罗斯，我曾经拜访了著名画家格里才。当时格里才老人已八十二岁高龄，须发全白，仍在孜孜不倦地创作。在老人的画室里，除了挂满摆满他自己和儿子的作品，别人的作品只挂了三幅。那就是三张齐白石的条幅，五十年代的印刷品，纸张已破旧发黄了，显然已经在老人的画室里悬挂了四十余年。他认为齐白石不仅是中国的伟大画家，也是世界的伟大画家，齐白石把全身心都投入到自然中去了，没有人比齐白石对自然的了解和感情更深。老人对我们说，齐白石是独一无二的，齐白石画虾，便对虾的结构和神态作了最为细致深入的研究，那种简洁有力的神奇画法，全世界都找不到。格里才老人是一个大自然的卓越歌手，我以前从旧书旧杂志上看到过不少关于他的介绍。他在1950~1952年期间创作的风景画《伏尔加河远眺》，具有极完美的写实技巧，充满了浓郁的诗意。这样一个希施金和列维坦的传人，却如此推崇齐白石的绘画，真有点儿让我大惑不解。我问老人是否可以去中国教学，老人听了却把头摇得像个拨浪鼓。他认真地说："我为什么要去教中国的画家？中国有自己的艺术和文化传统，我希望中国能够珍惜和保护自己的艺术和文化传统。"他还说有一种理论认为各民族的文化应互相融合，而他则认为各民族应该保持自己文化的独立、艺术的独立。老人甚至对我们大老远地跑来俄罗斯学习作画感到不以为然。他认为中国人对自然界的一草一木、花鸟虫鱼都有极为独特的感受，中国画的结构也很棒，形式感很强。老人说他不是要固执地保护俄罗斯的文化，而是不希望看到全世界的艺术趋向同一。老人指着墙上挂着的齐白石的作品说，从这些作品中可以进入中国的文化和思想。我不得不承认老人的话很有道理。那是一种艺术上和文化上的"远眺"。我终于明白了齐白石为什么能够成为一代大师，也明白了其他众多画虾能手的画中到底少了些什么。

所谓中国绘画从传统形态向现代形态的转变云云，是困扰了中国美术家将近一个世纪的难题。本世纪以来，不少前辈艺术家引进西方写实绘画技法以"刷新"中国绘画，其付出的努力的确令人钦敬，但取得的成就却令人怀疑。齐白石之所以成为中国乃至世界的艺术巨匠，与其认为他受到了西方强势文化的影响，努力实现所谓从传统向现代的转变，还不如说他坚持固守了中国艺术精神、并将其推向了极致更为恰当。据我的理解，

书画同源、诗书画印的融为一体，是中国画区别于西方绘画的根本所在，亦是中国画中的中国艺术精神之根本体现。

从齐白石的毕生艺术追求及其所取得的伟大成就来看，艺术创作中的求新求变，并不意味着一定要吸收和融入异域文化的成分，"借复旧以趋新"有时也不失为一条创造

10 国画大师

的途径。唐代的古文运动以及晚清的碑学复兴，意大利文艺复兴时期古希腊雕刻的出土，都曾极大地推动了当时文学或艺术的创新。从书画同源的观点和角度来考察齐白石的艺术，能够比较准确地把握其艺术创作的根本特点。齐白石对书艺的追求贯穿了他的整个艺术创作实践，书法艺术不仅仅是其艺术成就的一个重要方面，而且是其核心与基础。齐白石甚至在进行艺术鉴赏时，亦用了"书"来作为评"画"的标准，如他曾说李可染的画是画中草书，徐青藤的画也是草书，而他自己的画则是正楷。或有对齐白石"诗第一，印第二，字第三，画第四"的自我评价不以为然者，但也有论者认为这样的评价不无道理，认为齐白石整体艺术创作中的最大成就即在于诗歌艺术上的突破。不论各家观点如何纷争，诗书画印都是齐白石艺术创作成就中不可分割的部分，它们相互影响，相互交融，早已成为一个整体，这是已为学界所公认了的。这样的整体当然完美地体现出了中国艺术的精神。从这里当然也就"可以进入中国的文化和思想"。诚哉格里才斯言。

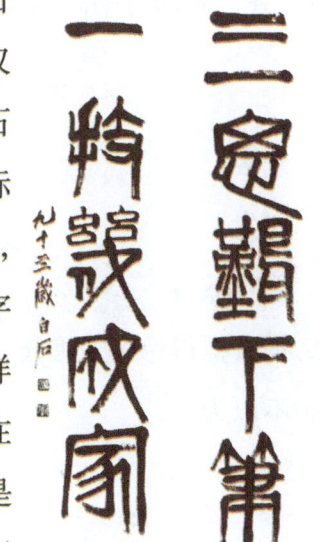

判断正误（正确的画"√"，错误的画"×"）

1. 作者五六岁的时候把买的两只虾放进了脸盆里。　　　　　　　　　（　　）
2. 齐白石认识作者的父亲。　　　　　　　　　　　　　　　　　　　（　　）
3. 有的人模仿齐白石画虾，作者一点儿也分辨不出。　　　　　　　　（　　）
4. 俄罗斯著名画家格里才家里有齐白石亲手书写的条幅。　　　　　　（　　）
5. 格里才认为齐白石对虾的结构和神态有最为细致深入的研究。　　　（　　）
6. 格里才不会汉语，所以不想到中国教学。　　　　　　　　　　　　（　　）
7. 格里才不大赞成中国画家到国外学习作画。　　　　　　　　　　　（　　）

8. 作者认为中国画家引进西方写实绘画技法画中国画并不成功。　　（　　）

9. 中国唐代有古文运动和碑学复兴运动。　　（　　）

10. 齐白石的诗书画印是他艺术创作成就不可分割的一个整体。　　（　　）

根据上下文，写出变色词语在文章中的大概意思

1. 老乡　＿＿＿＿＿＿＿＿＿＿＿＿＿＿＿＿＿＿＿＿＿＿＿＿
2. 打发　＿＿＿＿＿＿＿＿＿＿＿＿＿＿＿＿＿＿＿＿＿＿＿＿
3. 形神兼备　＿＿＿＿＿＿＿＿＿＿＿＿＿＿＿＿＿＿＿＿＿＿
4. 把头摇得像个拨浪鼓　＿＿＿＿＿＿＿＿＿＿＿＿＿＿＿＿＿
5. 不以为然　＿＿＿＿＿＿＿＿＿＿＿＿＿＿＿＿＿＿＿＿＿＿
6. 棒　＿＿＿＿＿＿＿＿＿＿＿＿＿＿＿＿＿＿＿＿＿＿＿＿＿

选择正确答案

1. 作者五六岁的时候一次随父母外出　　（　　）

　　A. 父母为他买回一幅齐白石的画　　B. 父母在书店给他买画册

　　C. 他第一次看到虾　　D. 父母买了一个新脸盆

2. 下边哪句话跟作者少年时的情况相符？　　（　　）

　　A. 作者的父亲收藏了不少齐白石的作品

　　B. 作者曾见过父亲收藏的齐白石的画

　　C. 作者用齐白石的画跟小朋友换东西

　　D. 脸盆买回以后作者开始学习画虾

3. "见与儿童邻"的意思是　　（　　）

　　A. 看见邻居家的孩子　　B. 见到孩子和邻居

　　C. 看法像孩子一样简单　　D. 靠近邻居的孩子站着

4. 作者拜访俄罗斯画家的时候　　（　　）

　　A. 发现老人的画室里有三个人的作品

　　B. 看到画室里有齐白石画的"虾"图

　　C. 欣赏了老人的风景画《伏尔加河远眺》

　　D. 见到了老人的朋友希施金和列维坦

国画大师 10

5. "诗第一，印第二，字第三，画第四"是谁对谁的评价？　　　　（　　）

   A. 齐白石对李可染的评价　　　　B. 李可染对齐白石的评价

   C. 作者对齐白石的评价　　　　　D. 齐白石对自己的评价

6. 书法艺术在齐白石的艺术成就中处在什么位置？　　　　　　　（　　）

   A. 是他创作中唯一成功的形式　　B. 是他艺术成就的核心与基础

   C. 稍次于他的诗、印、画成就　　D. 是其诗、印、画创作的补充

7. 下面哪个情况与文章写的内容不一致？　　　　　　　　　　　（　　）

   A. 除了齐白石，有些人画虾也画得很生动

   B. 格里才老人是一位出色的俄罗斯歌唱家

   C. 中国画书画同源，诗书画印关系密切

   D. 齐白石一生都在追求对书艺的创作实践

8. 下面哪个看法是格里才老人没有提到的？　　　　　　　　　　（　　）

   A. 中国人对花鸟虫鱼有极为独特的感受

   B. 齐白石画虾的方法简洁有力，世界仅有

   C. 全世界的艺术应该互相融合，趋向一致

   D. 齐白石对自然有着深入的了解和深厚的感情

二 阅读后按逻辑关系排列顺序

A. 画匠虽然也掌握了熟练的绘画技法，但是他们的作品多为模仿前人的粉本，或者重复前人或今人的技法，很难看到自己独特的艺术风格

B. 而如果要更进一步，做大师一级的画家则仅有独特的艺术风格还不够，还要建立起独立的艺术体系与艺术理论，具备深厚的文、史、哲等其他学科的知识

C. 画家与画匠的区别是：画家不但能够全面地掌握绘画技术，而且在其艺术表现中有着十分鲜明独特的艺术风格

D. 因此，在绘画艺术领域里成为一个一流的画匠很容易，成为一个真正的画家就不那么简单了

重新排序_____

三 阅读后按要求回答问题

父亲的最后画作

铁栅三间屋，笔如农器忙。

砚田牛未歇，落日照东厢。

勤劳是我父亲齐白石一辈子艺术生活的特点，在长期的艺术实践中，不断刻苦努力，至老不衰。正如上面他自己写的诗中所讲的：他画画像老牛耕田一样，笔耕不辍，一天到晚都不休息。在将近七八十年的绘画生涯中，他差不多天天都要作画。二十七岁以后，只有两次害病，一次遭父母之丧才搁过笔，他的勤奋是持久而有恒的，即使到了晚年，他也没睡过早觉，每天照例黎明即起，吃过早饭便要画上几幅，对艺术真是孜孜不倦。

回想起父亲1957年逝世这一年的春夏之际，他的精神有些不济了，健康情况已大不如前，但他还丝毫不服老，顽强地和衰老作斗争，画了一幅花中之王——牡丹，这是父亲一生中最后的一幅画。

记得那天早晨，风和日晴，父亲不用扶持，自己竟从卧室走到画室中来。我看父亲这天精神特别好，按习惯知道他要画画了，赶忙铺开了纸，准备好了颜料等东西。他和往常一样站着，挽起袖子，不慌不忙，先看看准备好了的笔等用具，在笔筒里仔细找出他想用的那几支笔。又用手摸了摸纸，仔细辨别了纸的正反面（这些都是他多年的老习惯了），拿起斗笔，对着纸停视了许久，然后蘸了洋红。我看第一笔用的是洋红，就知道要画牡丹了。牡丹是父亲一生中最喜爱画的花卉之一。我赶紧抻直了纸。这一天，父亲的情绪很好，兴致极高，用墨用色，信手拈来，斗大的花朵，比真花大有夸张，用极重的洋红，笔的水分又饱满欲滴，水分泅出来非常得当，真是美艳绝伦。花叶由下至上，由墨绿至老黄，有墨有色，泼色泼墨，随心所欲。叶子趁未干时用苍老的笔法勾的叶筋，笔笔见功，又融合一体。使得茁壮苍劲的叶子看上去有浓有淡，又能分出阴阳向背，叶子都向一边，似乎是随风而动。父亲勾完最后一片叶子，我知道要把画夹在铁丝上看一看了，父亲坐在椅子上，注视许久，又取回来加了数笔，再挂起来，才点

10 国画大师

头:"要得。"父亲不管画什么画,都要这样反复修改多次,绝不马马虎虎,即使是画了上百次的同一题材的画,也都极为认真,一丝不苟。父亲看这幅牡丹比较满意了,才提笔题上款:"九十七岁白石。(关于齐白石的年龄参见 p112 注释③)"没想到这竟是父亲辛劳一生的最后一幅画。

父亲非常喜爱画牡丹,他一生画了多少幅牡丹,已记不清了。记得只要每年牡丹花开的季节,他常到公园去观看牡丹的各种姿态,而且画的方法也变化多次,但无论如何变,都能把牡丹富丽堂皇、欣欣向荣的景象描绘得非常突出。就这幅画而论,一改过去枝叶分开的画法,而是花、枝、叶浑然一体,色、墨融合在一起,枝叶虽然很苍老了,但受到甘露的滋润,又开放出艳丽的花朵,那枝叶随风摇曳,似乎听到了枝叶的沙沙声,真是春雨初过花更新。我想这大概就是父亲自己一生的写照吧。

(有删改)

齐白石画画有什么老习惯?(不超过 100 个字)

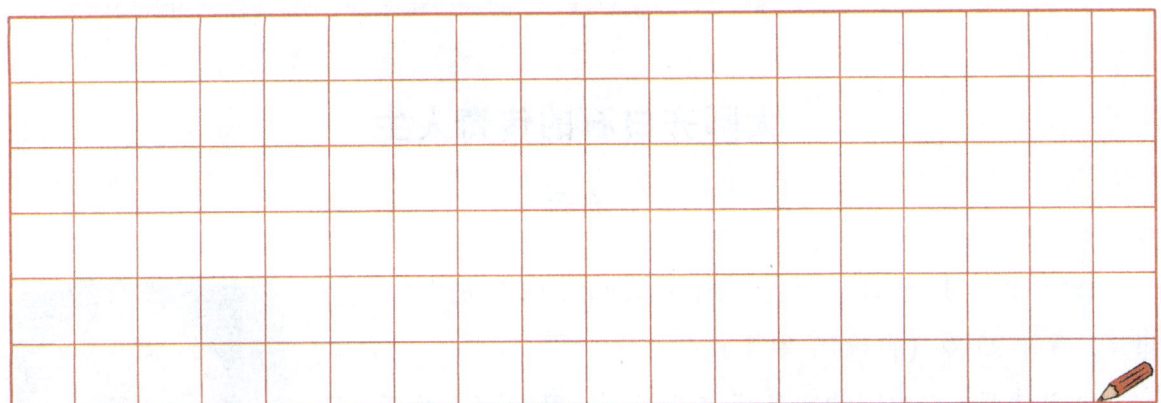

讨论题

1. 文中是怎么描写齐白石画的牡丹的?
2. 这幅牡丹与以前画的牡丹有什么不同?
3. 说说这篇文章各个自然段的大意。

课　文

课文导读

　　一个人要想在自己深爱的领域里取得成功，就必须要有一段奋斗的历程。在中国，大画家齐白石先生的名字虽然妇孺皆知，但是他的传奇历程却并非人人知晓。这篇文章简单地回顾了他的一生，从少年时代开始学习绘画起直至他晚年绘画技艺登峰造极，他始终默默耕耘，步步为进，最终厚积薄发。

思考题

1. 中国画有什么特点？
2. 中国有哪些有名的画家？他们擅长画什么？
3. 你见过齐白石先生画的虾吗？它有什么特点？
4. 世界上其他国家有哪些有名的画家？他们的作品有什么特点？

大师齐白石的传奇人生

凌云

　　1957年9月16日，著名国画①大师齐白石先生悄然辞世②，享年93岁（自称97岁③）。

　　如果就百年来中国的知名画家进行一次民意调查的话，那么，名列首位的一定是广为人知的"齐白石"。他早年贫寒的出身，备受冷落的境遇，以及晚年的盛誉，构成了他具有传奇色彩的艺术人生。像齐白石这样的全能型画家，称之为"百年难现"一点儿也不过分。他诗、书、画、印无所不精，笔下的人物、山水、花鸟等作品具有质朴纯真的农民情感，他鲜明的

---

① 国画：中国传统的绘画（区别于"西洋画"）。
② 辞世：婉言，去世的意思。
③ 齐白石生于1864年1月1日（农历1863年11月22日），按中国传统的生年即岁计岁法，当年即可记为2岁。75岁时，因为算命先生说他75岁时有灾，他自称77岁。自此，齐白石对外自称的年龄就一直比实际年龄大4岁。

画风使传统的文人画①笔墨形式产生了活泼的生命力和刚健清新的独特品格，雅俗共赏的审美取向更使他成为家喻户晓的一代大家。

<h3 style="text-align:center">从"芝木匠"到画坛巨匠</h3>

公元1864年1月1日，湖南湘潭县南一个叫做星斗塘的地方，一户贫穷的人家生下了一个乳名叫"阿芝"的男婴——齐白石。清贫的家境，使这个体弱多病的孩子在念了不到一年的私塾后，就不得不砍柴牧牛，担起生活的重担。齐白石晚年有方印叫"系铃人"，追忆的就是他小时候上山放牛，祖母和母亲不放心，在他脖子上挂一铜铃，归家时即可远远听见的情景——"祖母闻铃心始欢。"

有两件事对于青年时代的齐白石有着决定性的影响，一是15岁开始学雕花木匠，二是27岁时拜胡沁园、陈可藩为师，正式开始学画。从此，闻名乡里的"芝木匠"开始利用相对稳定和集中的时间来画画和读书。由于白天还要干活，齐白石读书学画的时间只能在晚上。这一时期他还十分穷困，饥饿时常常只能饮水充饥。晚间无钱买灯油，便点松火做灯，"灯盏无油害何事，自烧松火读唐诗"就是当年真实境况的实录。齐白石在40岁之前没有离开过家乡一步，主要以替人画像和刻印过活，这无论是在眼界上，还是在学问上都使他受到了一定的局限。后来在朋友的竭力鼓动下，他才"五出五归"，远游南北各地，足迹遍及半个中国，祖国的壮美山河和多姿的风土人情，开阔、丰富了这个民间画师的胸襟，提升了他的绘画境界。

60岁之后，齐白石多在北京卖画谋生。由于那时他的画风学八大山人冷逸的路子，不为时人所喜爱，故画价比同时的一般画家便宜一半也少有人问津。后来，幸遇当时声名正隆的著名画家陈师曾，陈师曾力劝齐白石改变以前的画风，用"画吾自画自合古"来激励他自创一格。在陈师曾的无私帮助下，齐白石"衰年变法"，通过自己的艰苦努力，画风和境界发生了质的飞跃，一度受到冷落的画作逐渐得到了大家的重视。

---

① 文人画：中国封建士大夫文人的绘画，取材多局限于山水花鸟，有片面追求笔墨趣味的倾向。

新中国①成立以后,老画家的工作环境得到了极大的改善,人民政府给予他极高的荣誉。1953年文化部授予齐白石"人民艺术家"的称号,他被选为中国美术家协会主席,1954年当选为人民代表大会②代表,1956年,世界和平理事会确定齐白石为1955年国际和平奖金获得者。老人在安静舒适地生活中,勤劳愉快地创作着,他的许多不朽之作都诞生在这一时期,他最后几年中所作的大量作品,是他贡献给他热爱的民族、土地最珍贵的瑰宝。

恪守"寂寞之道"的乡土画家

可以毫不讳言地说:齐白石是个乡下人。他有着对乡土风物真切的爱恋,毕生眷念着家园的一草一木,毕生把童年的记忆和家乡的一切作为画题、诗题,这是齐白石作为一个善良农民所特有的情感。他

画《小鱼煮丝瓜》,以四条还带着瓜花和藤蔓的丝瓜与几条活泼蹦跳的小鱼组成奇妙的画面,用浓墨画近景的篮子,用淡墨画远景的鱼碟,并用碟子中跃起的三条小鱼将两组不相关的景物有机地结合在一起,层次分明,笔简意深。所题:"小鱼煮丝瓜,只有农家能谙此风味"更是点睛之笔。另外像《梨花小院怀人》《钓虾图》《清白家风图》等大量作品,都洋溢着浓郁的乡土之情。

齐白石将绘画视为"寂寞之道",这是他一生恪守的信条和成功的秘诀。"扫除凡格总难能,十载关门始变更"讲的就是他在1920年到1929年之间以超出常人的意志和精力,用十年时间关门杜客,潜心研究,摸索适应自己气质和学养的艺术道路。他作誓言道:"余作画数十年,未称己意。从此决定大变,不欲人知,即饿死京华,公等勿怜,乃余或可自问快心时也。"同期,齐白石也在治印上下过死工夫,他在记载自己刻苦治印时有这样一段话:"余学刊印,刊后复磨,磨后又刊。客室成泥,欲就干,移于东复移于西,移于八方,

---

① 新中国:指自1949年建立起的中华人民共和国。
② 人民代表大会:中国人民行使国家权力的机关。简称人大。

通室必成池底。"这段时间齐白石作画万余幅，连同刻印3000多枚，可以说齐白石是穿越作品的海洋冲进艺术的自由王国①的。他常说："一天不画画心慌，五天不刻印手痒。"

称齐白石是乡土画家，是因为他用深情的笔，勾画出温馨简朴的生活气氛，并给一向高雅的文人画注入了新生命：劳动者的精神。

返璞归真的"白石老人"

齐白石的画"雅俗共赏"，他的喜怒、嘲笑、同情、智慧、幽默……都能让人在画中找到情感的共鸣，宛如一个亲切的大千世界。

齐白石在作品中总是表现出爱憎分明的精神，他在处世大节上很有原则。在日本侵略者占领北平期间，齐白石拒绝侵华日本军阀的利诱，退回了美术学院教授的聘书和赠煤，贴出了"官入民家主人不祥"的告白以拒见日酋、汉奸②。这张告白传遍了全城，大家把齐白石的这份告白与程砚秋息演在西郊留须种地共同传为艺林佳话。

齐白石的许多作品都有自己明显的情感倾向，如有讽刺敲剥民膏军阀官僚的《灯鼠图》，讽刺腐败糊涂的政客的《不倒翁》，讽刺唯利是图商人老板的《发财图》等，当然也有表现舐犊情深的《迟迟夜读图》，赞美金秋的《枫叶寒蝉》……

齐白石童心不泯，对生活始终抱有美好的向往。著名评剧演员新凤霞曾记述她与齐白石第一次见面的情景："白石老人坐下来和大家打完招呼，就拉着我的手目不转睛地看我。过了一会儿，护士伍大姐带点儿责备的口气对老人说：'你总看别人做什么？'老人不高兴了，说：'我这么大年纪了，为什么不能看她？她生得好看。'老人说完，气得脸都红了……"正是这种率直的个性、纯真的童心使他能够始终创造出情趣盎然、令人愉快的艺术形象。中国人对画家的评价，向来有"风格即人""人品即画品"之说，

---

① 自由王国：哲学上指人认识和掌握客观世界规律之后，自觉地运用规律来改造客观世界的境界。
② 汉奸：指投靠侵略者，充当其走狗，出卖中国国家民族利益的败类（原指汉族的败类）。

人们能够通过这些生活中的琐事窥见白石老人单纯而不简单、真率而不粗俗、热烈而不痴狂、鲜明而不华艳、诙谐而不滑稽的心灵，从而加深对其作品的理解。

齐白石由一个民间艺术家成为一代大师，是他继承了传统文人画而又抛弃了文人画的僵化程式，继承了传统民间美术而又抛弃了民间美术中那些低俗因素的结果。文人艺术的高度精粹、高度修养化与人格化，民间艺术的质朴刚健、开朗幽默，在他笔下凝为一个新生命。他的艺术是传统绘画在20世纪突起的又一奇峰。

晚年的白石老人已是世界公认的中国画大师，来京的各国政治文化界人士往往都要求登门拜访。考虑到他自置的位于跨车胡同的住宅比较简陋，在周总理的亲自过问下，北京市特别在沙井胡同给他拨了一所大宅。周总理亲自审视陈设，亲自去迎接老人移住新居。不料老人情绪波动很大，天天闹着要回旧居。没有办法，周总理只好又亲自送他老人家回到跨车胡同。1957年9月，白石老人逝世，享年93岁。

（有删改）

思考与回答

1. 为什么说齐白石是个全能型画家？

    质朴纯真　　刚健清新　　家喻户晓

2. 齐白石是怎样从一个木匠成为画坛巨匠的？

    局限　　开阔　　激励　　不朽

3. "画吾自画自合古"这句话是什么意思？

    自创一格

4. 为什么说齐白石是乡土画家？举例说明。

    一草一木　　碟子　　相关

5. 课文是从哪几方面描写齐白石的？

    早年　　谋生　　问津　　恪守　　返璞归真　　爱憎分明

10 国画大师

词语

1.	悄然	qiǎorán	（形）	形容寂静无声的样子。
2.	享年	xiǎngnián	（名）	敬辞，称死去的人活的岁数（多指老人）。
3.	早年	zǎonián	（名）	多年以前；指一个人年轻的时候。
4.	晚年	wǎnnián	（名）	老年人一生中最后一个时期。
5.	盛誉	shèngyù	（名）	很高的荣誉。
6.	质朴	zhìpǔ	（形）	朴实；不矫饰。
7.	纯真	chúnzhēn	（形）	纯洁真诚。
8.	刚健	gāngjiàn	（形）	（性格、风格、姿态等）坚强有力。
9.	清新	qīngxīn	（形）	清爽而新鲜。
10.	审美	shěnměi	（动）	领会事物或艺术品的美。
11.	乳名	rǔmíng	（名）	小名；奶名。
12.	充	chōng	（动）	填满。
13.	局限	júxiàn	（动）	限制在狭小的范围里。
14.	开阔	kāikuò	（形）	（思想、心胸）开朗。
15.	胸襟	xiōngjīn	（名）	抱负；气量。
16.	提升	tíshēng	（动）	提高（职位、等级等）。
17.	绘画	huìhuà	（动）	用色彩、线条把实在的或想象中的物体形象描绘在纸、布或其他底子上。
18.	境界	jìngjiè	（名）	事物所达到的程度或表现的情况。
19.	谋生	móushēng	（动）	设法寻求维持生活的门路。
20.	问津	wènjīn	（动）	〈书面语〉探询渡口，比喻探问价格或情况（多用于否定句）。

21.	激励	jīlì	(动)	激发鼓励。
22.	不朽	bùxiǔ	(动)	永不磨灭（多用于抽象事物）。
23.	瑰宝	guībǎo	(名)	特别珍贵的东西。
24.	恪守	kèshǒu	(动)	〈书面语〉严格遵守。
25.	毕生	bìshēng	(名)	一生；终生。
26.	眷念	juànniàn	(动)	〈书面语〉想念。
27.	善良	shànliáng	(形)	心地纯洁，没有恶意。
28.	蹦	bèng	(动)	跳。
29.	奇妙	qímiào	(形)	稀奇巧妙（多用来形容令人感兴趣的新奇事物）。
30.	画面	huàmiàn	(名)	画幅、银幕等上面呈现的形象。
31.	碟子	diézi	(名)	盛菜蔬或调味品的器皿，比盘子小，底平而浅。
32.	相关	xiāngguān	(动)	彼此关联。
33.	谙	ān	(动)	〈书面语〉熟悉。
34.	秘诀	mìjué	(名)	能解决问题的不公开的巧妙办法。
35.	扫除	sǎochú	(动)	除去有碍前进的事物。
36.	变更	biàngēng	(动)	改变；变动。
37.	摸索	mōsuǒ	(动)	寻找（方向、方法、经验等）。
38.	气质	qìzhì	(名)	风格；气度。
39.	乃	nǎi	(副)	〈书面语〉是；就（是）；实在（是）。
40.	同期	tóngqī	(名)	同一个时期。
41.	枚	méi	(量)	跟"个"相近，多用于形体小的东西。
42.	深情	shēnqíng	(名)	深厚的感情。
43.	温馨	wēnxīn	(形)	温和芬芳；温暖。
44.	高雅	gāoyǎ	(形)	高尚，不粗俗。

10 国画大师

45.	共鸣	gòngmíng	（名）	由别人的某种情绪引起的相同的情绪。
46.	宛如	wǎnrú	（动）	正像；好像。
47.	处世	chǔshì	（动）	在社会上活动，跟人往来。
48.	大节	dàjié	（名）	指临难不苟且的节操。
49.	告白	gàobái	（名）	（机关、团体或个人）对公众的声明或启事。
50.	佳话	jiāhuà	（名）	流传开来，当做谈话资料的好事或趣事。
51.	评剧	píngjù	（名）	流行于华北、东北等地的地方戏曲剧种，最早产生于河北东部滦县一带，吸收了河北梆子、京剧等艺术成就。
52.	率直	shuàizhí	（形）	坦率爽直。
53.	盎然	àngrán	（形）	形容气氛、趣味等洋溢的样子。
54.	琐事	suǒshì	（名）	细小零碎的事情。
55.	窥见	kuījiàn	（动）	暗中看出来或觉察到。
56.	真率	zhēnshuài	（形）	真诚直率；不做作。
57.	诙谐	huīxié	（形）	说话有趣，引人发笑。
58.	加深	jiāshēn	（动）	加大深度；变得更深。
59.	抛弃	pāoqì	（动）	扔掉不要。
60.	僵化	jiānghuà	（动）	变僵硬；停止发展。
61.	程式	chéngshì	（名）	一定的格式。
62.	精粹	jīngcuì	（名）	精炼纯粹。
63.	开朗	kāilǎng	（形）	（思想、心胸、性格等）乐观、畅快，不阴郁低沉。
64.	过问	guòwèn	（动）	参与其事；参加意见。
65.	审视	shěnshì	（动）	仔细看。
66.	波动	bōdòng	（动）	起伏不定；不稳定。

四字词语

1.	家喻户晓	jiā yù hù xiǎo	家家户户都知道。
2.	风土人情	fēngtǔ rénqíng	一个地方特有的自然环境和风俗、礼节、习惯的总称。
3.	毫不讳言	háo bú huìyán	完全没有顾忌地说或不加掩饰地说。
4.	一草一木	yì cǎo yí mù	比喻很细小的东西或指生活的细致环境。
5.	返璞归真	fǎn pú guī zhēn	比喻恢复原来的自然状态。
6.	大千世界	dàqiān shìjiè	原为佛教用语，世界的千倍叫小千世界，小千世界的千倍叫中千世界，中千世界的千倍叫大千世界。后来用来指广阔无边的世界。
7.	爱憎分明	ài zēng fēnmíng	爱什么，恨什么，态度十分鲜明。
8.	唯利是图	wéi lì shì tú	一心求利，别的什么都不顾。
9.	舐犊情深	shì dú qíng shēn	比喻对子女的慈爱。

专有名词

1.	湖南	Húnán	简称湘，在长江中游，洞庭湖以南。
2.	湘潭县	Xiāngtán Xiàn	县名。在湖南省东部、湘江中游。
3.	程砚秋	Chéng Yànqiū	（1904－1958）著名京剧表演艺术家，"四大名旦"之一。擅长塑造坚毅、深沉的妇女形象。
4.	新凤霞	Xīn Fèngxiá	（1927－1998）著名评剧表演艺术家。
5.	周总理	Zhōu zǒnglǐ	（1898－1976）周恩来。中华人民共和国国务院总理，卓越的国家领导人。

10 国画大师

词语讲解与练习

一 词语例释

1. 充

**动词₁** 意思是填满。

◎ 这一时期他还十分穷困,饥饿时常常只能饮水**充**饥(填肚子,解除饥饿)。

① 当时已是中午十二点多,大家都觉得又饥又渴,我买来了一些水和面包,分给大家**充充**肚皮。

② 在海边买不到食物,只好把钓到的鱼放在火上烤,填腹**充**胃,算是吃饭。

③ 医生嘱咐他手术期间不能吃得太饱,要靠稀饭来**充**肚。

📖 用做谓语。常见"饥""肚皮""胃"等词语作它的宾语。

动词₂ 意思是担任。

④ 他利用放假的机会去夏令营给孩子们**充**当辅导员,很受小营员的欢迎。

⑤ 我的家乡在九寨沟,朋友来九寨沟旅行时,我为他们**充**当义务导游。

⑥ 公司经理曾**充**任过一所中学的语文老师,怪不得他的语文知识那么丰富。

📖 常与"任""当"等词结合成动词,宾语多为某种职业或某类人物。

动词₃ 意思是冒充,假冒。

⑦ 我看你不要**充**行家,你要是真懂,最好把具体方法告诉大家,叫大家心服口服。

⑧ 这家玉器店出售的翡翠以次**充**好,消费者向消费者协会进行了投诉。

⑨ 在大是大非面前不坚持原则，滥充好人，这样做实在不好。

📖 "充"后边常与肯定意义的词语搭配，构成的词组意义是不被赞成或不与肯定的。如："充行家""充好人""充老实""以次充好"等，意在表示"假冒行家""假冒好人""假装老实""用差的假冒好的"。

2. 局限

名词 受到一定范围的限制。

◎ 齐白石在40岁之前没有离开过家乡一步，主要以替人画像和刻印过活，这无论是在眼界上，还是在学问上都使他受到了一定的局限。

① 在研制防治非典药物的最后验证阶段，邀请了一些志愿者作了实验性服用，这样避免了动物试验不能完全反映人体生理指标变化的局限。

② 我们还是搞其他展销会吧，举办海上运动器材展销要受时间和地点的局限。

③ 曹操是当时很有远见有魄力的政治家，但是作为历史人物总有其局限性。

📖 常用做宾语。常见的搭配格式有"受……局限""有……局限（性）"。

动词 限制在一定的范围里。

④ 我们要讨论的问题不要只局限在周围的生活，可以更深入更广泛一些。

⑤ 大家应该思路宽一些，眼光远一些，千万不要只局限在某一处。

⑥ 这个汽车企业刚刚建立不久，产品只是局限于某几种车型和单一类别车辆的生产和销售。

📖 常用做谓语。常见的搭配格式有"局限在""局限于"，"局限于"为书面语体表达格式。

3. 相关

动词 意思是彼此关连。

◎ 用浓墨画近景的篮子，用淡墨画远景的鱼碟，并用碟子中跃起的三条小鱼将两组不相关的景物有机地结合在一起。

① 对那些违反职业道德的行为要通过相关媒体进行披露和批评，这是监督的好方法。

② 大家从相关的传记和影片中熟悉了那位有着传奇经历的航天科学家。

③ 焦化厂的建设与搬迁和这座城市的环保事业息息相关，所以一定要安排好。

📖 常用做定语、谓语。常见的搭配格式有"和……相关""与……相关"。

4. 加深

   动词　意思是加大深度，变得更深。

◎ 人们能够通过这些生活中的琐事窥见白石老人单纯而不简单、真率而不粗俗、热烈而不痴狂、鲜明而不华艳、诙谐而不滑稽的心灵，从而加深对其作品的理解。

① 通过法学专家的讲解和法庭辩论的旁听，学生们对法律知识加深了理解。

② 经过广泛调查和统计分析，我们对这个疾病的发病规律、治疗和预防逐步加深了认识。

③ 我们队与他们队正式比赛前先进行一次热身赛，主要是想加深一下双方之间的了解。

📖 用做谓语。常见"认识""了解""理解""友谊""感情"等心理动词或表示情感意义的名词作它的宾语。

5. 过问

   动词　意思是参与其事，参加意见。

◎ 在周总理的亲自过问下，北京市特别在沙井胡同给他拨了一所大宅。

① 负责美术展览会的经理，对参展画家作品的摆放以及美术创作研讨会的每个细节，都一一过问，亲自安排。

② 那个老板只关心工人完成任务的情况，从来不过问工人个人的问题。

③ 分公司进口的那台设备十分贵重，对于它的用途、去向和安排总公司一定要过问一下。

📖 常用的格式为"在（某人、单位等）的过问下"，作状语。可带宾语，表示过问的内容；也可带动量补语"一下"。

二 词语辨析

1. 激励　激发

激励

◎ 陈师曾力劝齐白石改变以前的画风，用"画吾自画自合古"来激励他自创一格。

① 全国运动会上取得的优异成绩激励着这些运动员更加刻苦训练，朝着新的目标迈进。

② 不畏艰难、勇往直前的精神永远是激励人们英勇奋斗的强大动力。

③ 教育工作者认为，经常给孩子以鼓励和赞赏，能激励孩子的进取心，使他们更加自信。

④ 实行开放和优惠政策，这对吸引更多的投资企业是一种极大的激励。

⑤ 给予那些工作努力、成绩突出的人重奖，会对他们产生正面的激励作用。

激发

⑥ 学生自己选择社会调查的题目、撰写研究性报告，极大地激发了他们的学习兴趣。

⑦ 让孩子们独立思考、独自完成自己最感兴趣的项目，这样可以充分激发他们的创造力。

⑧ 每个项目完成后都作一次细致的总结，找出它的问题，有助于激发科研人员不断开拓创新的精神。

⑨ 在训练场上看到运动员们生龙活虎的训练场面，他的创造灵感一下子被激发出来。

⑩ 邀请居民为建设新社区提出自己的意见和方案，激发了大家积极参与的热情。

异同归纳		激励	激发
同	词性	动词	
	词义	表示激起人向上的情绪。	
	句法功能	都可作谓语，能带宾语。	
	语体风格	多用于书面。	
异	词义侧重	着重于刺激鼓励使人奋发向上。	着重于刺激鼓舞使人振奋精神。
	搭配对象	人、进取心…… 例①②③	兴趣、精神、热情、创造力…… 例⑥⑦⑧⑨⑩
	句法功能	常带动态助词"着"， 例① 可作定语， 例⑤ 可作宾语。 例④	一般不作定语、宾语。

2. 变更　变革

变更

◎ "扫除凡格总难能，十载关门始变更"。

① 在规划小区建设时要留出重要的购物区域，这样就不会再因周边环境的变化而重新变更规划图了。

② 员工与公司签定的合同具有法律效力，不得擅自变更或者解除。

③ 私人之间转让汽车，都要到交管部门申请办理机动车变更手续。

④ 职工与公司利益条款的变更要经过职工代表大会表决才有效。

⑤ 公证遗嘱的撤销、变更应到公证处按公证程序办理。

变革

⑥ 你要有知识，你就得参加变革现实的实践。

⑦ 中国经济的快速发展为变革学校教育现状提出了迫切的要求。

⑧ 中国的经济体制改革正经历一场前无古人的伟大变革。

⑨ 祖国历史上最为剧烈、最为精彩的变革在当今中国的老年人心中留下了深深的印记。

⑩ 应该充分相信人民群众在社会发展、社会变革中的根本作用。

异同归纳		变更	变革
同	词性	动词	
	词义	表示事物性质和状态的改变。	
	句法功能	都可作主语和谓语成分,能带宾语。	
	语体风格	多用于书面。	
异	词义侧重	着重于变动、更改,使事物原有的状态、状况发生变化。对象多是一般事物。	着重于改变,使事物的本质发生变化。
	词义轻重	词义轻。	词义重。
	搭配对象	手续、关系……　　　　　例③ 条款、遗嘱……　　　　　例④⑤ 擅自……　　　　　　　　例②	现实、现状……　　　　　例⑥⑦ 伟大、历史、社会……　　例⑧⑨⑩
	词性		"变革"也作名词,指发生本质变化的事物。　　　　　　　　例⑧⑨⑩

3. 摸索　寻找

摸索

◎ 他在1920年到1929年之间以超出常人的意志和精力,用十年时间关门杜客,潜心研究,摸索适应自己气质和学养的艺术道路。

① 他摸索出一套完整独特的实验方法,解决了关键性问题。

② 那个软件公司摸索出一条较为成功的高科技成果应用转化之路。

③ 发掘先秦遗址时,经过一番摸索,他找到了一枚绘有奇特图案的瓷片。

④ 他是当代知名的艺术家，为了使艺术不断发展，他至今仍在不断学习和摸索。

⑤ 听说城市的一角有个很有特色的快餐厅，我在它的附近摸索了半个小时才找到。

寻找

⑥ 海上救援队派出的搜救船在海面寻找失踪的飞机和两名飞行员的下落。

⑦ 宋先生给社区办公室打来电话，寻找他以前曾多年住在一起的老邻居。

⑧ 一些中小企业在生产经营上遇到了困难，他们正努力寻找问题的原因。

⑨ 她回到孩童时代曾经生活过的地方，寻找童年时的记忆。

⑩ 20世纪初期，许多有志的青年人到工业发达的国家留学，寻找救国的方法和道路。

异同归纳		摸索	寻找
同	词性	动词	
	词义	表示为了见到或得到而努力探求。对象为人、具体事物或抽象事物。	
	句法功能	都可作谓语，带宾语。	
异	词义侧重	对象为人和具体事物时，着重于在暗中用手探取；对象为抽象事物时，着重于在实践中试探着寻求。	对象为人和具体事物时，着重于通过目光发现或打听来发现；对象为抽象事物时，着重于通过实践、阅读资料或别人的介绍而得到。
	搭配对象	方法、道路…… 例①② 经过、通过…… 例③	下落、原因、记忆、方法、道路…… 例⑥⑧⑨⑩ 具体的人、地方、事物等。 例⑦
	语体风格	多用于书面。	一般用于口语。

4. 诙谐　滑稽　幽默

诙谐

◎ 人们能够通过这些生活中的琐事窥见白石老人单纯而不简单、真率而不粗俗、热烈而不痴狂、鲜明而不华艳、诙谐而不滑稽的心灵，……

① 芭蕾舞剧《胡桃夹子》里面的一些舞蹈段落既优美又诙谐。

② 齐白石的一些画作幽默诙谐，当中蕴涵了大师丰富的人生经验和深邃的人生哲理。

③ 多少年过去了，她依然保持着开朗、诙谐的性格。

④ 春节文艺晚会节目精彩，整个演出是在一种欢快、诙谐的气氛中进行的。

⑤ 报刊上的一些卡通画通过变形夸张的手法有意追求一种浪漫诙谐的效果。

滑稽

⑥ 那位滑稽演员把中国功夫和卓别林式的滑稽完美地结合在了一起。

⑦ 现场观众看到他的滑稽表演都哄堂大笑起来。

⑧ 人们往往通过一些滑稽可笑的社会现象发现应该批判和解决的问题。

⑨ 那人上身穿着西装，打着领带，下身是牛仔裤，脚上穿着旅游鞋，显得有些滑稽。

⑩ 那个胖胖的男孩子穿着爸爸的外套摇摇摆摆地走来走去，样子很滑稽。

幽默

⑪ 各式造型可爱、带有表达感情或提示性幽默话语的玩具日益受到年轻人的喜爱。

⑫ 漫画家常用非常夸张的笔墨形象表现其作品调侃幽默的味道。

⑬ 这部电视剧里主人公的语言幽默风趣，具有强烈的生活气息。

⑭ 演二儿子的那位演员是中国最具幽默感的男演员之一。

⑮ 幽默大师侯宝林先生为观众留下了众多经典的传统相声作品。

异同归纳		诙谐	滑稽	幽默
同	词性	形容词		
	词义	形容轻松有趣，引人发笑。		
	句法功能	都可作定语和谓语。		
异	词义侧重	着重于言语风趣，引人发笑。	着重于引人发笑。可形容语言，也可形容表情动作等。可指因言语、神态、动作等奇特引人发笑；也指因事情自相矛盾，或做蠢事、荒唐事而让人觉得可笑。	着重于言语风趣，含深长的意味，令人深思。
	搭配对象	幽默、浪漫…… 例②⑤	可笑…… 例⑧	风趣…… 例⑬
	句法功能		可作补语。 例⑨	
	语体风格	用于书面。	多用于口语。	多用于书面。
	感情色彩	含褒义。	含中性义或贬义。	含褒义。
	习惯用语			幽默感 例⑭ 幽默大师 例⑮

 词语搭配

1. 相关

～的人　　　　密切～　　　　两者～

～问题　　　　直接～　　　　山水～

～产品　　　　紧密～　　　　彼此～

2. 激励

~的话　　　　得到~　　　　~着我们

~的言辞　　　受到~　　　　~着大家

~方法　　　　需要~　　　　~着人民

3. 变更

~的内容　　　努力~　　　　打算~

~的时间　　　积极（地）~　　进行~

~的地方　　　主动（地）~　　同意~

4. 抛弃

~的对象　　　大胆地~　　　决定~

~的原因　　　主动地~　　　忍心~

~的结果　　　彻底~　　　　遭受~

四 练习

（一）模仿例子组成新词

1. 变更　　变___　变___　变___　变___
2. 奇妙　　奇___　奇___　奇___　奇___
3. 相关　　相___　相___　相___　相___
4. 气质　　气___　气___　气___　气___
5. 加深　　加___　加___　加___　加___
6. 僵化　　僵___　僵___　僵___　僵___
7. 晚年　　___年　___年　___年　___年
8. 境界　　___界　___界　___界　___界
9. 波动　　___动　___动　___动　___动
10. 画面　　___面　___面　___面　___面

(二) 选择适当的词语填空

> 激励　激发　　变更　变革　　摸索　寻找　　诙谐　滑稽　幽默

1. 他的一句_____的话使所有在场的人会心地笑了起来。
2. 中国的测控人员在这方面_____出了一套完整的解决方案。
3. 古时候一个小孩子被一些成年人放到皇帝的宝座上称他为皇帝，真是让人感到_____。
4. 为了适应城市发展和方便交通，道路部门在四环路上_____和增加了多处出入口。
5. 那位舞蹈演员用优美_____的舞蹈语言展现了小姑娘活泼可爱的性格和纯洁的心灵。
6. 计算机的发明和广泛应用，给人类社会带来巨大而深刻的_____。
7. 组织文艺家深入现实生活，为他们提供各种便利，极大地_____了文艺家们的创作热情。
8. 他在为拖延和放弃那项工作_____借口。
9. 她在最困难的情况下仍然坚持不懈，那种不服输的劲头_____着整个乒乓球队的队友。

(三) 选择适当的四字词语填空

> 家喻户晓　风土人情　毫不讳言　返璞归真
> 大千世界　爱憎分明　唯利是图　舐犊情深

1. 足球队员们对自己队的评价_____，他们说："我们的实力最强，冠军杯一定是我们的。"
2. 动物园的老母猴_____，终日用舌头舔它的爱子，竟把小幼猴头部的毛发舔光了。
3. 他是小镇第一个考取博士研究生的人，所以成了当地_____的人物。
4. 记者就应该_____，敢于仗义执言，伸张正义，揭露丑恶。
5. 实地考察首先要做的是了解那里的_____，还要调查那里的自然条件和经济状况。
6. 现在人们都在追求豪华装修，他却_____，把新居布置得非常简单朴素。

7. 那有什么可奇怪的？_____，无奇不有，只是人类还没有发现它们的规律罢了。

8. 如果把眼睛只盯在钱上，只要能挣到钱，什么都敢做，这不是_____吗？

（四）为四字词语选择适当的位置

1. 家喻户晓
   要做好 A 非典型肺炎防治的 B 宣传工作，普及 C 预防知识，一定要做到 D 。　　　　　　　　　　　　　　　　　　　　　　　　（　　）

2. 风土人情
   逛一逛当地的农贸市场 A ，在那里不仅可以买到实惠 B 东西，而且会加深你对当地 C 的了解 D 。　　　　　　　　　　　　　　　（　　）

3. 毫不讳言
   在讨论会上，作曲者们 A 地指出 B 当前社会上 C 随便改编他们作品的 D 问题。　　　　　　　　　　　　　　　　　　　　　　（　　）

4. 一草一木
   A 公园里的 B 大家都要爱护 C ，这样人们才能始终有一个美好的 D 休闲场所。　　　　　　　　　　　　　　　　　　　　　　　（　　）

5. 返璞归真
   走进神农架原始森林 A ， B 林木葱茏，空气清晰，你会 C 有 D 的感觉。
   　　　　　　　　　　　　　　　　　　　　　　　　　　　　（　　）

6. 大千世界
   朋友连声招呼也没打就走 A 了， B 在人海茫茫的 C ，我到哪里 D 才能找到他呀？　　　　　　　　　　　　　　　　　　　　　　　　（　　）

7. 爱憎分明
   大家都特别 A 欣赏他 B 那种 C 的性格 D 。　　　　　　　　　（　　）

8. 唯利是图
   长时间 A 在那样的环境里生活，很容易变成 B 一个 C 的人 D 。（　　）

9. 舐犊情深

草原上牛羊成群A，母畜总是细心B呵护幼畜，那种C的场景很D感人。

（　　）

（五）用指定词语完成句子

1. _____，人类还不能到地球以外的其他星球生存。（局限）
2. 通过半年的专门语言训练，_____。（提升）
3. 大家站在巨幅油画前细细观赏着，_____。（境界）
4. 那部作品已经流传了半个世纪，至今仍有广泛的读者，_____（不朽）
5. 三把同样的房门钥匙不小心弄丢了一把，过了几天房间就有东西丢失了，_____。（相关）
6. _____，我给他写的信都被邮局退了回来。（变更）
7. _____，科学家们逐渐掌握了人工养殖大熊猫的技术。（摸索）
8. 我对这个地区的文化现象很感兴趣，所以_____。（加深）
9. 他接受了新思想，_____。（抛弃）
10. 孩子认为自己已经长大了，不希望_____。（过问）

（六）用指定格式完成句子

1. A：这个小镇有什么可游览的，吸引了那么多的游客？

   B：_____，_____。（如果就……的话，那么）

2. A：我们应该怎么评价这位勤奋的科学家？

   B：_____。（称之为……一点儿也不过分）

3. A：这个地方有什么特产？

   B：_____。（主要以……）

4. A：请你谈谈对这幅山水画的看法。

   B：_____。（宛如……）

5. A：_____。（考虑到）

   B：那好，我听你的，今天我就在家休息。

(七) 下面每句话都画出了 ABCD 四个部分，请挑出有错误的部分

1. 作为一个艺术家，绘画数量太多，反而会影响他的艺术水平，这是他的一生最
   　　　A　　　　　　B　　　　　　　　C　　　　　　　　　　D
   为遗憾事。　　　　　　　　　　　　　　　　　　　　　　　　　（　　）

2. 齐白石是不同于一般艺术家的自身生活经历，获得创作灵感，以农民的心境歌
   　　　　　　　A　　　　　　　　　　　　B　　　　　　C
   颂农民，显现出淳朴的情感美。　　　　　　　　　　　　　　　　（　　）
   　　　　　D

3. 动物画不要求惟妙惟肖，允许夸张与变形，但要有个性，要能提升观众的共鸣
   　　　A　　　　　　　　　B　　　　　　　　C　　　　　　D
   和生活美的联想。　　　　　　　　　　　　　　　　　　　　　　（　　）

4. 中国画所涉及的题材很广泛，常以生活中常见的事物作为画的激发，通过画面
   　　　　A　　　　　　　　　　　　　　　　　　　　B
   寄托作者的理想，表达人们的希望、幻想和各种情感。　　　　　　（　　）
   　　C　　　　　　　D

5. 他的花鸟画成就特别突出，使用象征手法表达寓意，将图中的花鸟人格化，
   　　　A　　　　　　　　　　B　　　　　　　　　　C
   摸索自己的感情。　　　　　　　　　　　　　　　　　　　　　　（　　）
   　　D

语法讲解与练习

 **一　并列复句**

各个分句之间是并列关系，分别说明和描写几件事情、几种情况或者同一个人或事物的几个方面，这样的复句就是并列复句。其中可根据各分句的意义关系分为平列关系和对比关系。

◎ 这段时间齐白石作画万余幅，连同刻印3000多枚，可以说齐白石是穿越作品的海洋冲进艺术的自由王国的。

10 国画大师

① 我们每天要复习生词，念课文，做练习。

② 这个专辑里收录的作品充满了爱，能让人感觉温暖，同时又像清泉一样滋润着人心。

③ 舞蹈家们的舞蹈时而热情奔放，充满着青春活力；时而又娴静庄重，体现出典雅华贵的风格。

④ 这种家具既漂亮，又实用，很受顾客的欢迎。

⑤ 厨师正在炒菜，他一边往锅里撒调料，一边不停地用铲子搅拌着。

⑥ 当她表演完走下舞台，我一面对她说"你演得真好"，一面递过去一大捧花束。

⑦ 吸烟一方面损害自己的身体健康，一方面也损害他人的身体健康。

📖 以上是平列关系的复句，各分句意义处在同一平面，它们从几个方面或角度分别进行叙述和说明。

⑧ 考试的目的不是考你能得多少分，而是检查你平时学习的情况，使你对自己的学习有个清楚的了解。

📖 以上是对比关系的复句，各分句在意义上有互相对比映衬的作用。

常用关联词

平列关系	口语	……，……（不用关联词语） ……，也/同时/连同……
	书面语	……，……（不用关联词语） 既……，又……　　又……，又…… 时而……，时而……　　一边……，一边…… 一面……，一面……　　一方面……，一方面……
对比关系	口语	不是……，是……
	书面语	不是……，而是……

二 练习

（一）选择适当的关联词填空

> 然而　也　否则　既　不仅　更　从而　又

1. 从民族性这一博大深厚的体系里，如何选择属于自己的艺术表现空间，_____找到一条不同于前人的道路，_____有民族传统精神和时代感的艺术形式，_____有开拓创新特点和理论研究意义，这是需要艺术家们花大力气去追求的。

2. 中国画要反映出中国绘画特有的文化内涵，_____就无法体现出中国画的艺术本质与艺术品味。成功的中国画画家、大师的作品_____能够表现出他们的新的艺术形式与新的表现技法，_____能把画家赋予作品的艺术灵魂充分展现出来。

3. 在人有所成绩的时候，做到放弃是件很痛苦的事情，_____没有这种痛苦的经历，人不可能沉下来，重新正视自我与世界，_____就不可能成为真正的画家。

（二）模仿例句，用指定关联词完成句子

1. ……，连同……

    例：这段时间齐白石作画万余幅，连同刻印3000多枚，可以说齐白石是穿越作品的海洋冲进艺术的自由王国的。

    ① 现在教育书店有《汉语常用语词典》，凡需要购买此种词典的顾客，请将订阅单填写清楚，连同_____。
    ② 他没仔细检查一下桌子上的东西，把_____，连同写好的信一起扔进了垃圾箱。
    ③ 拿到汇款单我发现，父母把我的生活费，_____。
    ④ 这种水果我第一次吃，_____，_____一起吃下去了。

国画大师 10

2. 时而……，时而……

例：因为高空气流不稳，飞机时而上升，时而下降，一些乘客感到有些不舒服。

① 大家跟着太极拳老师学打太极拳，时而_____，时而伸臂，学得非常认真。

② 台上的杂技表演节目非常精彩，观众们_____，_____。

③ 早已经过了下学的时间，可孩子一直没有到家，妈妈心神不安起来，_____，_____。

④ 快下课了，朋友在教室窗外向他招手，他_____，_____。

(三) 按逻辑关系排列顺序

1. A. 快乐也就无从谈起
   B. 所以可以说没有兴趣
   C. 就应该培养写作的兴趣
   D. 要想享受写作的快乐　　　　　　　　　　_____

2. A. 许多年来辛辛苦苦地作画
   B. 并且仅仅得到过公司领导的口头好评
   C. 却只有个别作品参加过本部门举办的职工书法绘画展
   D. 他是位持之以恒的业余画家　　　　　　_____

3. A. 每坚持一天
   B. 他还是咬牙坚持着
   C. 因为他知道
   D. 他就离自己的梦想又靠近了一步
   E. 尽管常常累得筋疲力尽　　　　　　　　_____

4. A. 只是看你有没有发现它的勇气
   B. 同时向人们充分展示你的能力

C. 潜力每个人都拥有

D. 如果有了这份勇气

E. 你就能战胜自我、超越自我

5. A. 而且你也一定会有所收获

   B. 不管是做什么事情

   C. 都会证明你是有能力的

   D. 只要一步一个脚印、踏踏实实地去做

   E. 这种收获将会建立起你的信心

修辞提示与练习

一 对偶

对偶是结构相同，字数相等，意义密切相关的短语和句子排列而成的修辞方法。又叫对仗。

◎ 一天不画画心慌，五天不刻印手痒。

① 两个黄鹂鸣翠柳，

　一行白鹭上青天，

　窗含西岭千秋雪，

　门泊东吴万里船。

对偶包括正对、反对和串对三类。

② 春安夏泰，秋吉冬祥。

③ 春天繁花开遍峡谷，秋天果实压满山腰。

📖 以上例②③为正对，上下联从不同侧面说明同一个问题。

④ 满招损，谦受益。

⑤ 横眉冷对千夫指，俯首甘为孺子牛。

📖 以上例④⑤为反对，上下联意义相反相对。

⑥ 春种一粒粟，秋收万颗子。

⑦ 野火烧不尽，春风吹又生。

⑧ 无私方敢言，有胆自能察。

以上例⑥⑦⑧为串对，又称流水对，上句和下句的内容包含着因果、顺承、条件、假设等关系。

从对偶格式要求上，有宽对、严对的区别。

⑨ 明月松间照，清泉石上流。

以上例⑨为严对，结构、字数、词性等须完全相同。

⑩ 风吹不动泰山，雨打不弯青松。

⑪ 身无彩凤双飞翼，心有灵犀一点通。

以上例⑩⑪为宽对，与"严对"相对而言，即相对宽松的对偶句。

对偶的特点

音节整齐匀称，节奏感强，内容上凝练、集中，概括性强。

对偶的作用

对偶的作用在于借助对称的形式与和谐的音节，把相对的两部分突显出来，以加强语言的感人力量。

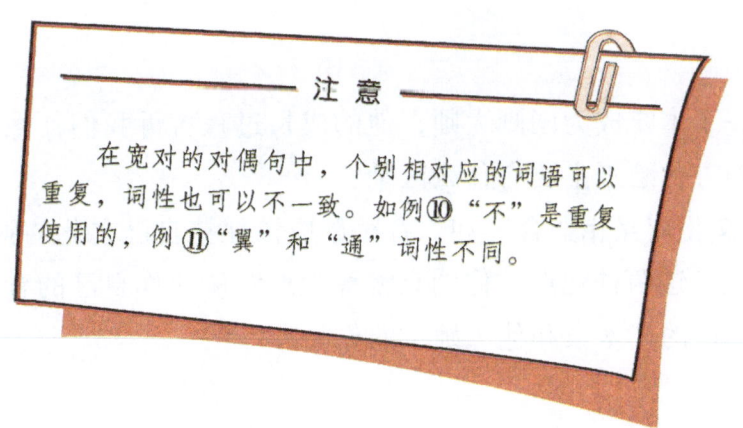

注意

在宽对的对偶句中，个别相对应的词语可以重复，词性也可以不一致。如例⑩"不"是重复使用的，例⑪"翼"和"通"词性不同。

二 练习

（一）指出下列对偶语句属于正对、反对还是串对

1. 有情喝水水也甜，无情吃糖糖也苦。　　　　　　　　（　　　）

2. 人生自古谁无死，留取丹心照汗青。　　　　　　　　（　　　）

3. 曾经沧海难为水，除却巫山不是云。　　　　　　　　　　（　　　）
4. 福如东海，寿比南山。　　　　　　　　　　　　　　　（　　　）
5. 春去花还在，人来鸟不惊。　　　　　　　　　　　　　（　　　）
6. 酒逢知己千杯少，话不投机半句多。　　　　　　　　　（　　　）

(二)试着把对偶语句补充完整

例：近水知鱼性，临山识鸟音。（山）

1. _____不言自高，地不言自厚。
2. 风声雨声读书声_____入耳，
   家事国_____天下事事事关心。
3. 天上无_____难下雨，地下无水不行船。
4. 画虎画皮难画骨，知人知面不_____。

表达与写作

● 表达训练

1. 齐白石从一个木匠成为国画大师，他的成长过程告诉我们什么？
2. 中国画与西方的绘画主要有什么区别？
3. "各民族的文化应互相融合"和"各民族应该保持自己文化的独立、艺术的独立"这两种观点，你同意哪种观点？谈谈你自己的看法。
4. 说说你所知道的艺术家和他（她）的作品。

10 国画大师

● 写作训练

第一题
齐白石简介。

字数：200 字
要求：参考课文，要写出人物姓名、生卒年、籍贯、职业，重要生活经历，取得的重要成就及评价。

第二题
简要介绍一位你所知道的有名的画家或者文学艺术家。

字数：300~400 字
要求：可模仿课文结构，注意使用课文中的重点词语、句型和修辞方法。

扩展空间

名家典藏

《白石诗草》

《白石印草》

《齐白石作品选集》

《齐白石作品集》

《齐白石山水画选》

《齐白石艺术研究》 齐良迟　商务印书馆 1999.8

齐白石纪念馆　位于湖南省湘潭市白马湖风景区，1993 年 5 月 23 日开馆。

媒体资源

http://www.zjdart.com （中国画）

纪录片《中国画》

11 学子访谈

背景阅读与练习

一　限时阅读，按要求回答问题　 限时：10分钟

我是从一所农村中学考上那所著名的大学的。刚上大学的时候，我身上有着农村学生的典型特征：衣着寒酸，胆小怕事，沉默寡言，并且深深地自卑。一开始我就为自己的大学生活作了安排：努力学习，争取奖学金；周末做家教，挣生活费；多余的时间只有靠坐图书馆来打发了。

然而林和江的出现却打乱了我宁静的生活。他是学校广播站的站长，比我高一届。在新生欢迎大会上，他作为学生代表致词，看到他的一刹那，我就被他周身所散发出来的光芒深深吸引住了。

回到寝室，我推翻了之前对大学生活的所有构想。我不漂亮，如果再那么平凡地生活，他可能永远都不会注意到我。我应该让自己变得优秀，甚或完美，耐心地等到他来对我说"我喜欢你"。

第二天我就报名去考广播站了。广播站是学校最有影响力的一个社团，要求严格也是众所周知的。这次他们只招一个播音员和一个采编记者，报名的却有几百人，主考正是林和江。当我用带有浓重方言的普通话读完材料时，发现几个评委已经笑趴下了，一个男生说："这样的也来报考广播站！"林和江也好不容易忍住笑说："小妹妹，回去练练普通话，以后还有机会的。"

没想到自己的一腔热情居然换来这样滑稽的结果，我的眼泪止也止不住，忍不住要打退堂鼓。几天后在食堂吃饭，居然又遇见了他，他还记得我，向我打招呼："要勤加练习哦。"我的心一下子又跳了起来，我想，四年，还有四年，我会等到我的王子的。

那以后，我几乎是拿出了考大学的劲儿来练习普通话，疲倦而又心无旁骛地冲向目标。

很快机会就来了，两个月后，广播站因为走了一个播音员而不得不再次公开选拔。这次的主考是上次笑趴下的那个男生，看到他，我微微有点儿窘，可是一想到日后可以和林和江共事，我还是鼓起勇气把那首煽情的诗念完了。走的时候，男生说："你大一的？不错不错，我们就选你了。周六晚上站里同事聚餐，你也参加吧，顺便认识一下台里的兄弟姐妹。"他已经忘掉我那次丢脸的事了。

同事聚餐？也就是说我终于可以名正言顺地认识林和江了！我兴奋得无以复加，早早就作好了准备。可是周六晚上的聚餐让我又喜又悲，喜的是我如愿以偿见到了他，他微笑着向我敬酒，说："你是那个大一的小妹妹，恭喜你终于成功了，跟着你们的新站长好好干！"悲的是，离开的那个播音员就是他！而这次聚餐，就是为了替他饯行。

林和江做了学生会主席。于是我在熟悉了广播站的工作之后，也很快地将重心转向了学生会。

在这一全新的领域我必须从头做起，要有竞选资格，必须先在班上担任一个要职。我全力以赴，终于争取到了班长的职位。一学期中我兢兢业业地工作，这时候，寝室的女孩子都已有了自己的另一半，她们对我执著于工作的热情感到不可理解，常常劝我："叶宣，花开的季节可不长，不要浪费了自己的大好时光哦。"我总是苦笑，她们哪里知道，在女孩子的这个季节，我最先听到了自己花开的声音，所以我才要把自己的花开放到最美。

大二的下学期，校学生会换届大选，得知林和江将连任主席，我兴奋极了，因为我竞选当上了学生会宣传部部长。新领导班子的碰头会上，林和江看到我，很惊讶地开玩笑说："怎么又遇到了，咱俩缘分可不是一般的深啊。"我在心里暗笑，这种缘分也不是一般人能制造出来的啊。

共事一个多月以后，我发现有事找他时很难看到他的影子，我惴惴不安地想，难道他又有什么事？果然，没多久，大家要推举我任新的校学生会主席。"我？！那林和江呢？"这是我最关心的问题。原来林和江主动请辞了，他要准备考研，只好放弃手上所有的工作。

回到寝室我郁闷了好久，我想我们是不是真的没有缘分。否则两年多了，为什么我们像两个奔向不同目的地的路人，还来不及看清对方的表情就擦肩而过。可我转念又想，这么久了，我们两个人都没有谈恋爱，是不是只是缘分未到呢？想着想着，我已经下定决心要追随他去考研了。

林和江报考的学校是北京大学，我一听就傻了。这时候的我，因为忙，无心顾及学习，英语四级还没过，成绩排在年级的一百名以后。我不知道我和林和江的距离还有多远，但我知道我和北京大学现在是两条平行线。

11 学子访谈

可我还是决定要试试——如果每个女孩儿都是一朵花，那我就太平凡了，除了怒放，我想不到可以引起别人注意的方法。我放下了手上所有的工作，在校外租了间很小的房子，开始了艰难的考研生涯。室友们曾经笑我，背单词背得像傻子，高等数学题做得像疯子，政治说得像领导班子。曾经有一段时间，我像得了厌学症一样，看到那一摞摞厚厚的考研资料就恶心犯晕。好友陪我爬山散心，我站在高高的山坡上，忍不住大喊："北大！我一定要考上北大！"好友被我的冲动吓了一大跳，她问我："你为什么总是把目标定得那么高呢？你不感到累吗？"我哭了，我哽咽着说："你不懂的。"

判断正误（正确的画"√"，错误的画"×"）

1. "我"的家在农村。　　　　　　　　　　　　　　　　　　　　　(   )
2. "我"喜欢林和江，但是林和江不知道"我"的感情。　　　　　(   )
3. "我"是在大学二年级当上学校广播站的播音员的。　　　　(   )
4. 林和江要考研究生所以放弃了播音员的工作。　　　　　　(   )
5. 为了接近林和江，"我"参加了学生会干部的竞选。　　　　(   )
6. 我当上宣传部部长以后一个月，林和江要毕业了。　　　　(   )
7. 林和江要报考北京大学的消息"我"事先不知道。　　　　　(   )
8. 林和江考上了北京大学研究生。　　　　　　　　　　　　　(   )
9. "我"复习研究生考试很累，得了重病。　　　　　　　　　　(   )
10. "我"认为要跟别的女孩子不同，就要把自己打扮得像花儿一样。(   )

选择正确答案

1. "我"在大一的时候做过什么？　　　　　　　　　　　　　　(   )
   A. 参加过一次播音员面试　　　B. 周末做家教，挣生活费
   C. 在欢迎新生会上发言　　　　D. 努力练习说好普通话

2. 哪种情况跟"我"的情况不符？　　　　　　　　　　　　　　(   )
   A. "我"是从农村中学考上大学的　B. 第一次见到林和江就喜欢他
   C. 林和江对"我"说，"我喜欢你"　D. "我"当选了校学生会主席

3. 在参加广播站同事聚餐的时候，我的心情怎么样？　　　　　　（　　）

    A. 又高兴又不好意思　　　　　B. 又担心又害羞

    C. 又快乐又舒畅　　　　　　　D. 又愉快又有些遗憾

4. 这次广播站同事聚餐的主要目的是什么？　　　　　　　　　（　　）

    A. 让我跟同事们互相认识　　　B. 祝贺"我"成为播音员

    C. 把我介绍给林和江　　　　　D. 林和江离开广播站，大家欢送他

5. 下边哪个情况不符合林和江？　　　　　　　　　　　　　　（　　）

    A. 林和江比"我"高一年级　　B. 林和江做过广播站的站长

    C. "我"面试时，林和江笑趴下了　　D. 林和江在大二时当上学生会主席

6. 下面哪种情况是课文中没提到的？　　　　　　　　　　　　（　　）

    A. "我"和林和江都在等对方向自己表明爱慕之情

    B. "我"为了追求林和江而要报考北京大学研究生

    C. "我"认为自己不漂亮，只有努力才能被人注意

    D. "我"为了考研究生，租了校外一间很小的房子

二　阅读后按逻辑关系排列顺序

A. 另外还在于对方是否具有上进心和善良心，是否跟自己志同道合和能够相互促进

B. 当然还要注意交往过程中的问题，比如要有自己的原则，千万不要因为自己心中的情人而盲目改变整个自己；同时也要懂得相互体谅，要能够从不同的角度去考虑问题，多顾及对方的感受，尽量不要伤害对方的自尊心和不要让其感到尴尬

C. 对方是否能成为自己的男朋友或者女朋友，在一定程度上，首先应该相信"随缘"和"顺其自然"之说，因为爱情是可以追求但绝不能强求的，只要双方感到心情愉快，所谓的"爱情"就会自然而然产生出来

D. 如果大学生真的要谈恋爱，千万不能急于求成，要慎重对待。在选择"对象"方面，不应过于片面

重新排序 _____

三 阅读后按要求回答问题

  大三那年的四月份,林和江的考研成绩出来了,很遗憾,离录取线差了二十多分。我也长长地舒了一口气,心想明年我考不考得上也都无所谓了。林和江找了份工作,在省电视台做主持人,我窃喜,幸好我对学校电台的工作比较熟悉,也许毕业后可以朝这个方向奋斗。

  按照学校的惯例,六月份举办了一个经验交流会,找来大四一些比较出色的学生给学弟学妹们一点儿学习或找工作的指导,林和江自然也在被邀请的行列。那天的交流会我也参加了,我坐在角落里,心情很复杂,有些期待,也有些害怕。

  交流会进行到一半的时候,主持人突然问了林和江一个问题,她问:"大学四年,你一直走得很顺利,我想大家和我一样,都很想知道除了你自己的毅力,还有没有其他的力量支持你前进呢?比如说……"她狡黠地眨眨眼,转向观众说,"亲情,友情,还是爱——情?"台下哗然。林和江显然没料到这招,怔了好一会儿。大家安静地等待着。这时他突然起身走下台,走过我的身边,看到我的时候甚至还朝我点头笑笑,然后变戏法一样地从我身后拉出一个女孩子。他说:"就是这个女孩子,她一直默默地支持我,怕影响我的工作,四年来都不愿透露我们的关系。没考上北大,我觉得很遗憾,但更多的是庆幸,几年来我总以为幸福在前方,却忘了身边触手可及的幸福,幸好上帝给我机会去发现并且珍惜她。现在我要对她说声'谢谢'。"这时,观众席里响起了雷鸣般的掌声。

  我很坚决地离开了现场,我觉得这真像一部煽情而又低俗的肥皂剧,当男女主人公团聚的时候,总会有蹩脚而受伤的第三个人偷偷哭泣。我也终于知道,在我最期待爱情的时候,上帝不小心睡着了。

  我给自己放了两个月的假,和所有女孩子一样,乐此不疲地买自己喜欢的衣服,和男孩子约会,吃街边小摊上辣得掉眼泪的麻辣烫。三年来,我一直在马不停蹄地奔跑,很少有闲下来的时候,我发现这样的生活也很好。大四那年,我放弃了实习,继续准备考研。那年,我考上了北京大学的研究生。

  照例是一年一度的交流会,主持人问我:"你的经历很像上一届的林和江,都做过广播站的站长,做过学生会的主席,也都考过北京大学的研究生,可以说是太巧了,或者也可以理解为你是把他当成目标在追赶,是这样的吗?"

我愕然。

"是的。

"四年来,我一直把他当做我的目标。我进校的时候,他就已经很优秀了,光芒四射。那时,我还是个没见过世面的乡下小姑娘,但是我决定要追赶他,所以,四年来,我一直在奔跑。

"我想证明一点,男孩子能做到的,女孩子也可以!"

我颓然坐下。

观众席里响起热烈的掌声,可是,只有我自己听到了,心中花开过后花瓣脱离花朵的声音。

"我"大三的时候参加交流会,开始的时候为什么"心情很复杂,有些期待,也有些害怕"?"我"期待什么,害怕什么?(不超过100个字)

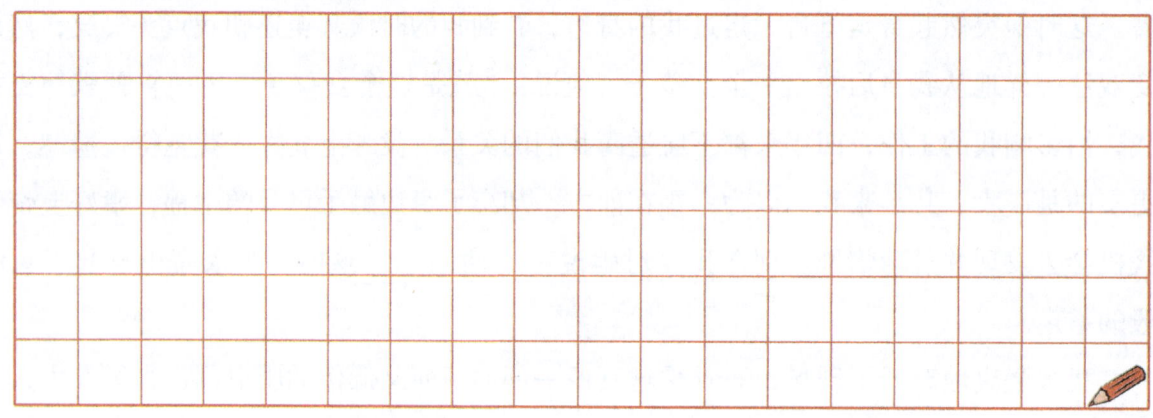

讨论题

1. 请说说为什么林和江的女朋友是"那个女孩"而不是"我"?

2. "我"在毕业前的交流会上说,"我想证明一点,男孩子能做到的,女孩子也可以!"这真的是"我"要说的话吗?"我"为什么要说那样的话?

3. 你对"我"的这种恋爱方式怎么看?

4. 从文中你可以看出林和江的恋爱观吗?

课 文

课文导读

这是一篇采访记录,是一个主持人和一个刚毕业的大学生的对话。对话内容反映了当今大学生在社会大环境下,恋爱观受到的巨大影响。比如金钱可能在爱情里占了越来越大的成分,这已形成一种现象,且这个现象的存在也确有一定合理性。那么如何继续自己的婚恋,变成了"新新人类"们需要面对的一道难题。

思考题

1. 大学生作为一个特殊的社会群体,人们对他们有什么评价?
2. 人们选择恋爱婚姻对象的标准一样吗?一般会关注哪些方面的内容?
3. 大学时代最好不要恋爱结婚。你同意这个观点吗?为什么?

当代大学生的婚恋观

吴小璐

当代大学生是许多民众眼里的"新新人类",那么,这些"新新人类"有着什么样的婚恋观?在今天的节目里,我们邀请到一位今年刚从大学校园走出来的大学毕业生小江,请他与我们的主持人一起来探讨"当代大学生的婚恋观"这个话题。

主:对当今社会许多人用"新新人类"一词来形容大学生,你觉得是不是很贴切?

江:确实是蛮恰当的,就我个人的理解,所谓"新新人类"就是说,他们是一个在思想行为等各方面区别于一般人的群体,表现为较新潮、前卫。

主:我也同意你的看法,别的不说,光从衣着、外表的特异性等方面,他们所追求的确实是较为时髦的、新颖的东西。

江:是的,比如现在大学生所提倡的勤工俭学,一方面可以减轻家庭负担,另一方面又为提前适应这个社会作好了准备。另外,许多大学生在消费观上提倡超前消费,这一切的一切我认为都是"新新人类"的具体体现。

主:对当今的大学生,大家都知道,他们的感情是丰富多彩的,他们对婚姻家庭也有自己的见解,那么对于这些情况,你能否给听众朋友谈谈周围的同学在这方面的看法，还有你自己是怎么看的呢？

江：谈到大学生的婚恋观、家庭观这个问题，我想大家的观点不一而足，具体有以下几类：一种是属于金钱至上型的，我们就先谈谈这一类型的吧！

主：金钱至上是怎么说的呢？

江：谈恋爱双方看重的是对方的金钱储备，而把才识、学历等等放在其次。

主：那能具体举个例子吗？

江：这样的例子在生活中也是不少的。我就认识一个女孩儿，一开始遇到一个男生给她的第一感觉挺好。这位男生是系里的学生会主席，各方面表现都很优秀，两人算是比较投缘，于是就恋爱了。但后来这个女孩儿从周围同学那里了解到，男生来自农村，家境贫困。这个女孩儿希望将来嫁的爱人要有好的经济条件，借以改变自己的生活命运，所以最后还是决定与那个男生分手了。

主：你所谈到的这种类型，我确实也见到不少，现实中有许多恋人因为受社会的影响，养成了固有的爱慕虚荣的心理，所以对于感情是比较现实而且显得有点儿游移的。

江：其实这也难怪。另外，第二种类型我想是所谓的纯情型的：恋爱双方最看重的是自己与对方时刻拥有的那份真心实意，至于其他方面则不是考虑得那么多。这里也可以举个例子：是关  于我同宿舍好友的一个爱情故事。他与同班的一位女孩儿从大一到大四，恋爱了四年，感情一直是比较纯的，可以说是在一切功利名义之外的，所以四年来感情也未曾有过裂缝。可惜好景不长，毕业后面临着找工作等问题，各种因素导致双方不得不各奔东西。然而令人感动的是临别时双方信誓旦旦表示一定要将爱情进行到底。于是，最后两人私下约定一定要考上研究生，争取最后的结合。

主：那么除了你刚才讲的以外，有没有属于那种金钱和爱情两不误的情形呢？

江：这一类型，我想是大多数人所孜孜以求的。

主：是的，这种类型既有浪漫的爱情又有现实的经济条件作铺垫，真是两全其美啊！也是令人羡慕的类型。

江：说到令人羡慕的确一点儿不假，我们校园中一度令人津津乐道的"完美情人"即是一个很好的例子，之所以称之为完美也就是我们刚才说到的两者兼备了。这一对恋人，男的是干部子女，家里较为富裕，女的是公司老板的女儿，是个千金小姐①，加之他们对对方又是互相体贴照顾，因此毕业后，一切条件都成熟了，两人不久就结婚了，生活过得也很美满。他们的恋爱史也成为校园美谈之一。

主：刚才我们已经讨论了三种类型的恋爱，俗话说一样米喂百样人，的确如此。那么除了以上的三种类型，你觉得还有没有其他类型的呢？

江：有一种类型我们把它称为"游戏型"，就是恋爱双方彼此都抱着玩儿玩儿而已的态度，他们的感情一般是比较轻浮的，都是彼此从对方那边找到一种填补空缺的方式吧。

主：你能给大家举个例子吗？

江：也是我们年级的一位女生，她在老家有一个男友，听说已经谈了好几年了，但一到了大学，她又耐不住寂寞，于是又偷偷与好几个男生谈起恋爱来。当然各人有自己的人生观，我们可以不接受其他人的，但我们却也不能把自己的人生观强加于人。不过，我是不认同这一类游戏型恋爱的。

主：是的，看来你对爱情也有自己独到的认识。据我了解，在生活中，还存在着一种"姐弟恋"型的爱情，不知你们学校有没有？

江：像这种情况也是有的，而且不少。其表现是与传统的婚恋观相反的男小女大，从小对母性依赖惯了，因此择偶也形成了惯性，他们往往追求能像母亲一样体贴他们、年纪比自己大的女性。

主：是的。我想这跟当今社会独生子女从小就比较依赖母亲这一现实是不无关系的。

江：是的，它所表现的是与传统截然相反，这可能也算是"新新人类"的表现之一吧！其实还有一种类型就是普遍都比较认同的男才女貌型的。

主：那么这一类型在你身边也算不少吧？

江：是的，我这里也有一例。我认识的一位挺漂亮的女孩儿，在一位其貌不扬的男生的苦苦追求下，终于同意恋爱了。本来这女孩儿也嫌对方满脸的青春痘，长得并不好看，后来在慢慢的交往中看到男友在IT业②崭露头角，成绩十分突

---

① 用"千金"来比喻女子，最早的文字记载见于元代曲作家张国宾所写的杂剧《薛仁贵荣归故里》："你乃是官宦人家的千金小姐，请自稳便。"
② IT业：英文 Information Technology 的缩写，泛指信息产业。

出，以及在谈吐等各方面都展现出非凡的气质，慢慢觉得难舍难分，后来竟离不开他了。

主：从这种类型来看，也可以说"新新人类"还是会回归传统的。

江：是的，这一点确实与传统又是一致的。

主：在当今社会中，一些女青年往往因为学历高而不太容易找到对象，那么在你们的校园中，你觉得是不是也有这个问题呢？

江：的确也有这种现象。

主：像当今的许多女研究生，由于一心放在学业上，对于感情问题慢慢忽略了，直到完成学业，反过来想追求爱情的时候已经太晚了，身边的男同学往往也不敢轻易去接触她们。

江：这番分析是有道理的，生活中这样的例子比比皆是，前些天在一份报刊上看到了一则关于一位女博士择偶困难的故事。我想像这样的现象是传统婚恋观的产物，跟所谓的"新新人类"是冲突的。

主：我同意你的观点。谈恋爱什么最重要？投缘最重要。我觉得只要恋爱双方觉得投缘，能相处得来，这是最重要的，至于学历的高低、才识的深浅倒应放在其次。如果自己不把这个问题认识清楚，谁能代替你呢？所以，我相信，那些学历高的女青年，倘能放下自己的架子，也就是放低择偶标准，男士们也就能够更多地从双方的感情基础

这一实际出发，摒弃传统习俗的束缚去和她们交往了。所以我想，这学历的高低对于双方的婚恋成功与否不是什么决定因素。

（有删改）

思考与回答

1. 什么叫"新新人类"？他们有哪些特点？

　　前卫　　衣着　　特异性　　新颖

学子访谈 11

2. 大学生的婚恋观、家庭观有哪些类型？

　　至上　　纯情　　两全其美　　男才女貌　　轻浮

3. 什么是金钱至上型婚恋观？你对它怎么看？

　　储备　　爱慕　　虚荣　　投缘

4. 什么是纯情型婚恋观？你对它怎么看？

　　真心实意　　功利名义　　信誓旦旦

5. 你同意课文中提到的哪种恋爱婚姻观？为什么？

词语

1.	婚恋观	hūnliànguān	（名）	结婚和恋爱的总的观念。
2.	探讨	tàntǎo	（动）	研究讨论。
3.	当今	dāngjīn	（名）	如今；现时；目前。
4.	贴切	tiēqiè	（形）	（措辞）恰当；确切。
5.	蛮	mán	（副）	〈方言〉很；挺。
6.	前卫	qiánwèi	（形）	具有新异的特点的，领先于潮流的。
7.	衣着	yīzhuó	（名）	指身上的穿戴，包括衣服、鞋、袜、帽子等。
8.	特异性	tèyìxìng	（名）	特殊的性质。
9.	新颖	xīnyǐng	（形）	新而别致。
10.	至上	zhìshàng	（形）	（地位、权力等）最高。
11.	储备	chǔbèi	（动）	（物资）储存起来准备必要时应用。
12.	学生会	xuéshēnghuì	（名）	学校中学生的组织。
13.	投缘	tóuyuán	（形）	情意相合（多指初交）。
14.	恋人	liànrén	（名）	恋爱中男女的一方。
15.	固有	gùyǒu	（形）	本来有的；不是外来的。
16.	爱慕	àimù	（动）	由于喜欢或敬重而愿意接近。

17.	虚荣	xūróng	（名）	表面上的光彩。
18.	游移	yóuyí	（动）	（态度、办法、方针等）摇摆不定。
19.	纯情	chúnqíng	（形）	感情或爱情纯洁真挚。
20.	拥有	yōngyǒu	（动）	领有；具有（大量的土地、人口、财产等）。
21.	功利	gōnglì	（名）	功效和利益。
22.	名义	míngyì	（名）	做某事时用来作为依据的名称或称号。
23.	裂缝	lièfèng	（名）	裂成狭长的缝儿。
24.	临别	línbié	（动）	将要分别。
25.	私下	sīxià	（副）	自己进行。
26.	约定	yuēdìng	（动）	经过商量而确定。
27.	情形	qíngxing	（名）	事物呈现出来的样子。
28.	铺垫	pūdiàn	（动）	陪衬；衬托。
29.	千金	qiānjīn	（名）	敬辞，称别人的女儿。
30.	加之	jiāzhī	（连）	表示进一步的原因或条件。
31.	美满	měimǎn	（形）	美好圆满。
32.	美谈	měitán	（名）	使人称颂的故事。
33.	俗话说	súhuà shuō		用民间流行的语言讲。
34.	轻浮	qīngfú	（形）	言语举动随便，不严肃不庄重。
35.	填补	tiánbǔ	（动）	补足空缺或缺欠。
36.	空缺	kòngquē	（名）	泛指事物中空着的或缺少的部分。
37.	人生观	rénshēngguān	（名）	对人生的看法，也就是对于人类生存的价值和意义的看法。
38.	强加	qiángjiā	（动）	强迫人家接受某种意见或做法。
39.	独到	dúdào	（形）	与众不同（多指好的）。
40.	母性	mǔxìng	（名）	母亲爱护子女的本能。
41.	择偶	zé'ǒu	（动）	选择配偶。

42.	形成	xíngchéng	（动）	通过发展变化而成为具有某种特点的事物，或者出现某种情形或局面。
43.	惯性	guànxìng	（名）	物体保持自身原有的运动状态或静止状态的性质，如行驶的机车在动力停止后不马上停止前进，静止的物体不受外力作用就不变位置，都是由于惯性的作用。
44.	截然	jiérán	（副）	界限分明，像割断一样。
45.	青春痘	qīngchūndòu	（名）	青春期在皮肤上出的豆状疱疹，多长在面部。
46.	谈吐	tántǔ	（名）	指谈话时的措词和态度。
47.	展现	zhǎnxiàn	（动）	展示。
48.	一致	yízhì	（形）	没有分歧。
49.	学业	xuéyè	（名）	学习的功课和作业。
50.	产物	chǎnwù	（名）	在一定条件下产生的事物；结果。
51.	相处	xiāngchǔ	（动）	彼此生活在一起；彼此接触来往，互相对待。
52.	才识	cáishí	（名）	才能和见识。
53.	倘	tǎng	（连）	〈书面语〉表示假设。
54.	摒弃	bìngqì	（动）	舍弃。

四字词语

1.	新新人类	xīnxīn rénlèi	追求时尚、前卫的新一代。
2.	勤工俭学	qín gōng jiǎn xué	学生利用课余时间工作挣得收入，支付学习和生活费用。
3.	不一而足	bù yī ér zú	足：充足。指同类的事物不只一个而是很多，无法列举齐全。

4. 真心实意	zhēnxīn shí yì	心意真实诚恳，没有虚假。
5. 好景不长	hǎojǐng bù cháng	好的情况持续时间不长。
6. 各奔东西	gè bèn dōng xī	各自分开，走自己的路。
7. 信誓旦旦	xìn shì dàndàn	信誓：表示诚意的誓言；旦旦：诚恳的样子。誓言说得真实可信。
8. 孜孜以求	zīzī yǐ qiú	孜孜：勤勉的样子。不知疲倦地探求。
9. 两全其美	liǎng quán qí měi	指做一件事顾全到双方，使两方面都得到好处。
10. 津津乐道	jīnjīn lè dào	很有兴趣地说个不停。
11. 男才女貌	nán cái nǚ mào	男子有才华，女子貌美。形容男女双方很相配。也作"郎才女貌"。
12. 其貌不扬	qí mào bù yáng	不扬：不好看。形容人容貌难看。
13. 崭露头角	zhǎn lù tóujiǎo	崭：突出；露：显露。头上的角已明显地突出来了。指初显露优异的才能。
14. 难舍难分	nán shě nán fēn	形容彼此感情很好，不忍分别。
15. 比比皆是	bǐbǐ jiē shì	比比：一个挨一个。到处都是，形容极其常见。

词语讲解与练习

一 词语例释

1. 探讨

 意思是研究讨论。直接用做谓语，宾语一般为"问题"一类的词语。可作宾语，谓语动词常为"进行"。

◎ 我们邀请到一位今年刚从大学校园走出来的大学毕业生小江，请他与我们的主持人一起来**探讨**"当代大学生的婚恋观"这个话题。

① 理论专家和大学生们就人生的意义进行了深入探讨。

② 在人民代表大会上，有关再就业和社会保障的话题依然是代表们探讨的焦点。

③ 现在不要急于下结论，应该给大家留下进一步探讨的余地。

④ 在人类生命科学研讨会上，与会者探讨了人类长寿的问题。

⑤ 我想跟文学界的朋友们一块儿探讨探讨理论问题。

📖 "探讨"可以重叠，作谓语。

2. 爱慕

动词 意思是由于喜欢或敬重而愿意接近。

◎ 现实中有许多恋人因为受社会的影响，养成了固有的爱慕虚荣的心理，所以对于感情是比较现实而显得有点儿游移的。

① 在联赛期间，那个年轻的运动员收到很多球迷送给他的礼物，其中一些礼物是爱慕他的女孩子送的。

② 西南地区的一些少数民族青年喜欢用对歌的形式向自己的心上人表达爱慕之情。

③ 从古代民歌中我们可以了解到，当时的男女青年相互之间表达爱慕时是比较委婉含蓄的。

④ 祝英台一直爱慕着梁山伯，可开始很长一段时间梁山伯一点儿也没有发觉。

⑤ 她得知小伙子只是爱慕她的钱财，毅然决然地和他分手了。

📖 作谓语时，"爱慕"的宾语一般是人，也可以是物或者是心理状态；如果宾语是"虚荣""奢华""钱财"一类的词语，"爱慕"含贬义。

3. 填补

动词 表示补足空缺或缺欠。"填补"作谓语，后边一般有其他成分，不单独出现。

◎ 他们的感情一般是比较轻浮的，都是彼此从对方那边找到一种填补空缺的方式吧。

① 心理学家认为，疯狂购物的人往往希望通过购物来发泄某些压抑的情绪，或是用这些物质刺激来填补内心的空虚。

② 山路被雨水冲刷得坑坑洼洼，修路工人赶快运来碎石把坑洼的地方填补好。

③ 比赛中有队员身体不适退下场，主教练马上让新队员填补了上去。

④ 这家著名的制鞋公司正在开发新产品，填补其在休闲鞋市场上的空白。

⑤ 作为编导应该有做主持人的经历，这次晚会由你亲自主持，正好可以填补你的欠缺。

📖 宾语一般为"空白""空虚""欠缺"一类的词语；补语多为表示完成、实现一类的词语。

4. 强加

> **动词** 强迫人家接受某种意见或做法。作谓语，常带由介词"在""于""给"等构成的介词短语补语。

◎ 当然各人有自己的人生观，我们可以不接受其他人的，但我们却也不能把自己的人生观强加于人。

① 一些家长从不听孩子的意见，总是说："小孩子懂什么，听大人的没错。"于是把自己的愿望强加在孩子身上。

② 联合国多数成员国有一致的看法，就是不能把个别或少数国家的政策主张强加给联合国安理会。

③ 有些人利用手机短信把广告以强加的方式发送给那些不乐意接受它们的人群。

④ 各国之间建立信任与友谊，应该通过对话与合作来进行，不能强加于人。

⑤ 任何个人和组织的意志都不能强加在法律之上。

📖 "强加"也可作定语，修饰中心语。"强加于"为书面语表达方式。

5. 截然

副词 意思是界限分明，像割断一样。作修饰语，修饰的中心语常为"相反""不同""对立""矛盾""两样"一类的词语。

◎ 它所表现的是与传统截然相反，这可能也算是"新新人类"的表现之一吧！

① 对待一件事情，两种截然不同的做法，产生了两种不同的效果。

② 精品和大众化绝不是截然对立的。不是说大众快餐就可以粗制滥造，也不是说精品只是学者、专家的雅好。

③ 听听他们的意见就会得出截然相反的结论。

④ 有些事表现出了截然矛盾的两面，可是人们却没有发觉。

⑤ 与昨日的艳阳高照截然两样，今天天阴沉沉的，从湖面吹来的阵阵寒风冻坏了那些只穿着短裤和薄衫的游客。

"截然+中心语"格式常用做定语或谓语。

二 词语辨析

1. 新颖　新鲜

新颖

◎ 别的不说，光从衣着、外表的特异性等方面，他们所追求的确实是较为时髦的、新颖的东西。

① 电影工作者努力探索新的方法，力图用更加引人入胜的故事情节和更加新颖的拍摄手法把观众吸引到电影院来。

② 周围的居民亲眼看到，这里昔日低矮潮湿的土坯房被一座座式样新颖的楼房所代替。

③ 精彩新颖的演出赢得了全场观众和评委的热烈掌声和一致好评。

④ 广大民乐爱好者欣赏到一台内容丰富、曲目新颖的民乐经典演出。

⑤ 登山寻宝活动引来了不少家庭参加，大家感到这种活动形式很新颖。

新鲜

⑥ 在展厅人群最多的地方，总会发现一些新鲜的高科技的东西摆在那里。

⑦ 人们去郊游的时候常常把采到的新鲜漂亮的野花带回家。

⑧ 大家在参与式培训讲座上听到了许多新鲜事儿，觉得很有收获。

⑨ 我登上长城，望着四野起伏的青山，贪婪地呼吸着新鲜空气。

⑩ 学校旁边的一家小饭馆墙壁上写满了食客们的即兴留言，使第一次来这里吃饭的人感到十分新鲜。

异同归纳		新颖	新鲜
同	词性	形容词	
	词义	形容事物是新出现的，内容或形式不陈旧、不陈腐。	
	句法功能	都可作定语和谓语。	
异	词义侧重	着重于新奇别致，与普通的、一般的不同，多用于某种文艺作品的思想内容或表现形式，。 例①③④ 也用于某种东西的造型、式样。 例②	着重于刚出现不久，还不普遍，很少见。 例⑥⑧⑩
	词义范围	使用范围比"新鲜"窄。	可用于大事，也可用于小事， 例⑩ 可用于抽象事物， 例⑧⑨ 也可用于具体事物。 例⑥⑦
	感情色彩	褒义词。	中性词。
	语体风格	用于书面。	通用于口语和书面语。

2. 储备　储存

储备

◎ 谈恋爱双方看重的是对方的金钱储备，而把才识、学历等等放在其次。

① 针对缺水的情况，农民们纷纷拦蓄雨水，为今冬明春农田灌溉储备水源。

② 我们发现每到入冬前，一些动物就开始储备过冬的食物。

③ 大学毕业生可以把自己的资料放入城市人才储备中心，作为人才资源储备起来。

④ 各地的防汛物资储备正按计划进行，汛期到来以前应该全部到位。

⑤ 国家的宏观经济形势持续良好发展是外汇储备增长的根本原因。

储存

⑥ 他家的电脑里储存着许多同学朋友的电话号码和其他联系方式。

⑦ 人吃进的食物经过消化吸收，有些营养会变成脂肪或者其他成分储存在肌肉细胞中。

⑧ 不要把水果储存在粮食附近，那样很容易使粮食受潮发霉。

⑨ 古代皇宫使用的冰块是从护城河的冰面上切割下来的，它们比较易于装运和储存。

⑩ 钱是最一般的等价物，它是价值的一般代表，便于流通，便于储存。

异同归纳		储备	储存
同	词性	动词	
	词义	表示存放起来。	
	句法功能	都可作谓语。	
异	词义侧重	着重于存放起来，以备必要时使用。	着重于用心细密，常用于日常生活中。
	句法功能	作谓语，　　　　例①② 作中心语。　　　例④⑤	作谓语，带宾语，　　例⑥ 带补语；　　　　　例⑦⑧ 作宾语。　　　　　例⑨⑩
	搭配对象	对象可以是物，　　例①② 也可以是人。　　　例③	对象多是事物。　　例⑥⑨⑩
	习惯用语	储备金、储备粮	
	词性	兼属名词。　　　　例④⑤	没有名词用法。

3. 拥有　具有

拥有

◎ 恋爱双方最看重的是自己与对方时刻**拥有**的那份真心实意，……

① 俱乐部请来**拥有**丰富教学经验的教练来训练足球队的球员。

② 随着社会的进步和科学的发展，人类**拥有**越来越多创造美好生活的有利条件。

③ 北京是一座**拥有**悠久和光辉历史的城市，吸引着世界各国的游客来观光。

④ 许多学舞蹈的孩子都希望进入那个舞蹈团，因为那里**拥有**一批杰出的舞蹈表演艺术家。

⑤ 那个跨国公司**拥有**十家大型企业，它的经营机构遍布世界各地。

具有

⑥ 据统计，这个城市的普通高中教师中**具有**硕士研究生学历和博士研究生学历的分别占28.2%和0.8%。

⑦ 通过运动会和文艺节可以看出，这些大学生在体育和文艺方面都**具有**相当高的水平。

⑧ 积极推动科研和教学实际与生产实际相结合，这对于促进学术研究的深化**具有**重大意义。

⑨ 按照法律规定，不生效的合同就不**具有**法律效力。

⑩ 科学家们表示，北极地区**具有**十分独特的科学研究价值。

异同归纳		拥有	具有
同	词性	动词	
	词义	表示存在，领有。	
	句法功能	都可作谓语，必带宾语。	
	语体	书面语。	

续表

异同归纳		拥有	具有
异	词义侧重	着重于有经验、条件、历史、人才、技术及土地、人口、财产等广泛和重大意义的内容。　例①②③④⑤	着重于有经验、条件以及学历、水平、意义、价值等内容。多用于抽象事物。　例⑥⑦⑧⑩
	搭配对象	土地、山林、房屋、宿舍、资料、粮食、财产、利息、顾客、权利、身份、床位、图书……	兴趣、特色、特点、魅力、个性、性格、意义、影响、号召力……

4. 气质　气度

气质

◎ 本来这女孩儿也嫌对方满脸的青春痘，长得并不好看，后来在慢慢的交往中看到男友在IT业崭露头角，成绩十分突出，以及在谈吐等各方面都展现出非凡的气质，慢慢觉得难舍难分，后来竟离不开他了。

① 那位当今非常著名的学者，不但学识渊博，身上的诗人气质也很吸引人。

② 从这次科学研讨会的论文可以看出，大家的专业特点、个性和学术气质都很突出。

③ 模特大赛的各位选手含蓄的笑容流露出自信和内在平和优雅的气质。

④ 那件艺术作品展示了作者非常独特的创作风格和个人气质。

⑤ 几个十五六岁的中学生在跳街舞，那快速的节奏展现出他们这个年龄段现代都市年轻人的活力、气质和风采。

气度

⑥ 据说音乐能陶冶人的情操，锤炼人的性格，使人气度不凡。

⑦ 几个气度非凡的人走进营业大厅，工作人员想他们肯定有什么特别的事。

⑧ 常说人要有气度，无论是做人还是做事上，都应该保持这种良好状态。

⑨ 他表现出了应有的气度，耐心认真听取别人的意见，特别是听取那些与自己相反的意见。

⑩ 一个有气度的人才会有所成就，否则他未来的成就势必会受到局限。

异同归纳		气质	气度
同	词性	名词	
	词义	指人表现出来的气魄和风格。	
	句法功能	都可作主谓短语的主语和动宾短语的宾语。	
异	词义侧重	着重指人的作风和风格。	着重指人的气量和风度。
	词义范围	可指一个社会群体共同具有的优秀风格，　　　　例①⑤ 也可单纯指人的个性特征。　例④	一般指宽容大度的行为状态，不单纯指人的个性特征。　　例⑨
	搭配对象	非凡、优雅……　　课文例句、例③ 诗人、年轻人、学术……　例①②⑤	后常接"不凡""非凡"。　　例⑥⑦

三 词语搭配

1. 探讨

~的问题	慢慢地~	~得很深入
~的时间	仔细地~	~得很细致
~的精神	平等地~	~得很认真

2. 爱慕
   ~的感情　　　深深地~　　　表示~
   ~的目光　　　热烈地~　　　倾诉~
   ~的原因　　　倾心地~　　　诉说~

3. 拥有
   ~的财产　　　大量~　　　~股份
   ~的土地　　　长期~　　　~（大量）读者
   ~的资本　　　完全~　　　~（重要）的权力

4. 填补
   ~的机会　　　迅速地~　　　~窟窿
   ~的时间　　　及时地~　　　~空白
   ~的地方　　　小心地~　　　~空缺

四 练习

（一）模仿例子组成新词

1. 婚恋观　　___观　　___观　　___观　　___观
2. 拥有　　　___有　　___有　　___有　　___有
3. 截然　　　___然　　___然　　___然　　___然
4. 形成　　　___成　　___成　　___成　　___成
5. 美满　　　美___　　美___　　美___　　美___
6. 空缺　　　空___　　空___　　空___　　空___
7. 当今　　　当___　　当___　　当___　　当___
8. 名义　　　名___　　名___　　名___　　名___
9. 展现　　　展___　　展___　　展___　　展___
10. 学业　　 学___　　学___　　学___　　学___

(二)选择适当的词语填空

> 新颖　新鲜　储备　储存　拥有　具有　气质　气度

1. 所谓有_____，就是做事待人要宽宏大量，也就是古人讲的"宰相肚里能撑船"。

2. 每年轮换的数量一般为中央_____粮储存总量的20%~30%。

3. 两国通过和平友好协商解决了历史遗留问题，这对其他国家_____重要的参考价值。

4. 住在乡村的人们能随时从自建的鸡舍、鱼塘内取来_____的鸡鱼改善生活。

5. 那个女子足球队_____好几位人们熟悉和爱戴的世界级球员。

6. 工程设计专家对公交场站总体建筑布局、公交枢纽站候车廊等方面作了细致的研究，提交了_____别致、科学环保的设计方案。

7. 这里的人们习惯把钱_____在银行里，而不愿意作其他投资。

8. 那位年轻姑娘从母亲那里继承了高贵的_____，举止优雅、富有教养。

(三)选择适当的四字词语填空

> 真心实意　各奔东西　信誓旦旦　两全其美
> 津津乐道　崭露头角　难舍难分　比比皆是

1. 她日常的话题总是离不开自己的专著，总是_____地说过，不完成这部著作她绝不回家。

2. 昔日里污水横流、人畜同行的县城，如今变得路宽了、灯亮了，超级市场，文化公园，各类专卖店、连锁店_____。

3. 两年前我们还互不相识，而今天我们已是_____的挚友。缘分把我们聚到了一起。

4. 关于车型的优点都是厂家和经销商_____的话题，但是这类汽车的缺点和小毛病，只有等到用户自己拿到车时才能体会到。

5. 年轻选手要在田径赛场上_____，必须加倍努力才行，否则很难打破纪录。

6. 既然你是_____的，我相信你们肯定会有重归于好的一天，只是时间的问题。

7. 这支球队已经没有任何比赛任务了，所以队员们在机场道别之后，就_____了。

8. 时间有限而要完成的事情又很多，合理地安排自己的时间将是一个有效的方法，每段时间完成哪些任务，在时间表中作详尽的说明，这样才可以做到_____。

（四）为四字词语选择适当的位置

1. 真心实意

    无论家长还是老师，都千万 A 不要忽视学生，B 要相信他们，C 爱他们，绝不能有 D "恨铁不成钢"的思想。　　　　　　　　　　　　　（　　）

2. 各奔东西

    毕业典礼以后，来自五湖四海 A 的同学 B，将开始 C 人生 D 新的里程。
    　　　　　　　　　　　　　　　　　　　　　　　　　　　　（　　）

3. 不一而足

    汉朝后玉器的制作工艺 A 不断创新 B，可以 C 使用玉器的阶层，从帝王将相到市井百姓 D。　　　　　　　　　　　　　　　　　　　　（　　）

4. 津津乐道

    灵魂的问题虽然被 A 很多人 B，但我想并不是每个人 C 都能真正理解它，正确 D 认识它。　　　　　　　　　　　　　　　　　　　　（　　）

5. 比比皆是

    在中心小学校长的办公室兼宿舍内 A，只见四壁书法 B、绘画作品 C，书架上琴棋书画的 D 理论书籍琳琅满目。　　　　　　　　　　　（　　）

6. 勤工俭学　　　　　　　　　　　　　　　　　　　　　　　　（　　）

    几乎所有国家的法律都有规定 A，留学生可以用 B 挣的钱解决一些 C 生活费用和学习费用的 D 问题。　　　　　　　　　　　　　　　　（　　）

(五)用指定词语完成句子

1. 当她把自己新买的手机拿出来的时候,大家的目光一下子被吸引住了,_____。(新颖)

2. 小伙子很喜欢那位文静而秀美的姑娘,他鼓起勇气,_____。(爱慕)

3. 这是一家大型企业,_____。(拥有)

4. _____,邀请朋友们到她家里做客。(名义)

5. 在张先生和李小姐的婚礼上,大家_____。(美满)

6. 这项科技发明,_____。(填补)

7. 这只是你一个人的愿望,不能_____。(强加)

8. 你的想法太保守太陈旧,现在年轻人的想法_____。(截然)

(六)用指定格式完成句子

1. A:你知道什么叫"网虫"吗?

   B:就我个人的理解,_____。(所谓……)

2. A:他把那么好的工作辞掉了,从大城市来到这偏远的地方,到底为什么呢?

   B:_____。(这一切的一切)

3. A:他本来成绩一直在班里名列前茅,怎么期末考试考得这么糟糕?

   B:_____。(这也难怪)

4. A:根据我的经验,晚上适当作一些体育运动对睡眠有好处。

   B:_____。(的确如此,……)

5. A:我觉得东西只要能用就行,所以有便宜的我就不买贵的。

   B:_____。(倒应放在其次……)

(七)下面每句话都画出了ABCD四个部分,请挑出有错误的部分

1. <u>大学生拥有十分相近的利益要求、人生经历和社会体验</u>,<u>同时又面临着共同的</u>
                       A   B

   人生课题,<u>所以其思想情感极易产生截然不同的反映</u>,<u>极具感染性</u>。( )
                         C   D

2. 年轻人正处于<u>思想活跃的时期</u>,<u>对新颖的事物比较敏感</u>,<u>受到外部环境因素影</u>
                 A   B   C

响容易冲动、容易情绪化。这一特点，使他们的价值取向具有很大的不确定性。
　　　　　　　　　　　　　D

（　　）

3. 这部被评论界高度赞誉为具有东方民族的电影，竟是在一个欧洲的摄影棚里
　　　　　A　　　　　　　　　　　　　　　　　　B
拍成的，许多导演了解到实情以后，都在努力思考其中值得学习借鉴的东西。
　　　C　　　　　　　　　　　　　　D

（　　）

4. 学历是一个人受教育的经历，一般表明拥有的文化程度。专业技术职务是需要
　　A　　　　　　　　　　　B
具备专门的业务知识和技术水平来承担的，因此，专业技术职务都有对学历
　　　　C　　　　　　　　　　　　　　D
的基本要求。

（　　）

5. 你可以询问一下孩子的想法，给他一些提示、引导或者建议供他们参考，而不能
　　A　　　　　　　　　　B
把你的想法给孩子强加，他也许会接受你的建议。
　　C　　　　　　D

（　　）

语法讲解与练习

一　目的复句

偏句表示目的，正句表示为达到这个目的采取的行动。

◎ 这个女孩儿希望将来嫁的爱人要有好的经济条件，借以改变自己的生活命运，所以最后还是决定与那个男生分手了。

① 为了方便住宅区的居民求医问药，总医院在住宅区里设立了门诊部。
② 他每天早早起床，为的是去体育场锻炼身体。
③ 为保险起见，你们出门的时候还是把雨伞带上吧。

④ 春节前夕各个商店都把商品橱窗布置得漂漂亮亮的，为的是吸引更多的顾客光临。

⑤ 有不少人为了出行方便，纷纷去购买经济实惠的二手车。

⑥ 下班以后他跟几个朋友去歌厅唱歌，借以放松一下紧张了一天的神经。

⑦ 健身俱乐部对每个会员的身体状况都作了记录，以便今后更好地针对他们的身体情况安排训练计划。

⑧ 大部分消费者购买"羊年贺岁金条"主要是用以保值、收藏或馈赠。

⑨ 大家开车的时候一定要系好安全带，以免发生危险。

⑩ 请乘坐飞机的旅客把自己的身份证件和机票准备好，免得在办理登机手续时耽误时间。

⚠ 在偏句中多用关联词语"为""为了"。

常用关联词

口语	合用	为了……，就……	
	单用	为……，……	为了……，……
		为……起见，……	……，为的是……
书面语	合用	为……，便……	
	单用	……，借以/以/以便/用以/以免/免得……	

二 练习

（一）选择适当的关联词填空

……，借以……　　……，免得……　　……，以便……

……，为的是……　　……，用以……

1. 春节的时候，从冰天雪地的北方去海南岛旅行，＿＿＿＿＿＿感受一下南国的那种盎然春意。

学子访谈 11

2. 你出门在外应该经常给父母写信、打电话报个平安，＿＿＿＿＿＿他们为你担心。
3. 北京女子排球队接受记者采访时，宣读了一份感谢信，＿＿＿＿＿感谢家乡球迷对北京女排的厚爱。
4. 奥运会举办之前政府投入了大量专款，＿＿＿＿＿修建新道路和整理城市面貌。
5. 我把我的电子邮箱地址和手机号码告诉你，＿＿＿＿＿你有事情的时候找我。

(二)模仿例句，用指定关联词完成句子

1. ……，借以……

   例：这个女孩儿希望将来嫁的爱人要有好的经济条件，借以改变自己的生活命运，所以最后还是决定与那个男生分手了。

   ① 新年到来之际，各大报纸都在头版套红刊登新年祝语，借以向读者＿＿＿＿＿＿＿＿＿＿＿＿＿＿＿＿＿＿＿＿＿＿＿＿＿＿＿＿。

   ② 这个地方的行政部门为了接受群众监督，设立了群众接待站，借以＿＿＿＿＿＿＿＿＿＿＿＿＿＿＿＿＿＿＿＿＿＿＿＿＿＿＿＿＿＿。

   ③ 山区经济需要技术和投资，当地邀请全省各企业参观他们的发展规划展览，＿＿＿＿＿＿＿＿＿＿＿＿＿＿＿＿＿＿＿＿＿＿＿＿＿＿＿。

   ④ 科学研讨会就是发表研究成果和评价研究成果的平台，研究者们＿＿＿＿＿＿＿＿＿＿＿＿＿＿＿＿＿＿＿＿＿＿＿＿＿＿＿＿＿＿。

   ⑤ 一些同学除了在学校上课以外，还参加了校外辅导班，请了家教，＿＿＿＿＿＿＿＿＿＿＿＿＿＿＿＿＿＿＿＿＿＿＿＿＿＿＿＿＿＿。

2. 为……起见，……

   例：为安全起见，一定不要在晚上去登山。

   ① 为＿＿＿＿＿＿＿＿＿＿起见，给清洗写字楼外玻璃墙体的工人系上了保险绳。

   ② ＿＿＿＿＿＿＿＿＿＿＿＿＿＿＿＿＿＿＿，你应该把烟和酒戒掉。

   ③ ＿＿＿＿＿＿＿＿＿＿＿＿＿＿＿＿＿＿＿，他在汉字的下边都标注了拼音。

   ④ 为公平起见，＿＿＿＿＿＿＿＿＿＿＿＿＿＿＿＿＿＿＿＿＿＿＿＿。

   ⑤ 为方便起见，＿＿＿＿＿＿＿＿＿＿＿＿＿＿＿＿＿＿＿＿＿＿＿＿。

3. ……，为的是……

例：在登山途中设立大本营，为的是保证登山队员们能够得到休息，恢复体力。

① 他辞掉工作，不远万里来到中国学习汉语，为的是_____。

② 有些农民把儿女留在家乡，自己进城打工挣钱，吃尽千辛万苦，为的是_____。

③ 司机在发车前检查车子的状况，为的是_____。

④ _____，为的是在期末考试中取得好成绩。

⑤ _____，为的是让我伺候好病中的母亲。

4. ……，用以……

例：学校设立奖学金和助学金，用以鼓励学生努力学习，帮助家庭贫困的学生完成学业。

① 一些餐馆打出"消费满100元，返50元"的打折招牌，用以_____。

② 在实行九年义务教育的基础上，发展中等技术教育，用以_____。

③ _____，用以改变城市的大气环境。

④ _____，用以提高产品的使用寿命。

⑤ 他把每个月剩余的生活费_____，_____。

(三) 按逻辑关系排列顺序

1. A. 而是一种复杂的社会行为
   B. 绝不是简单的个人认识问题
   C. 这充分说明对当代大学生价值取向的评价
   D. 对同一个大学生群体，不同的研究者却作出截然相反的评价

2. A. 绘制完成那张地质资源分布图
   B. 多次徒步深入没有人烟的深山野岭

C. 为的是取得第一手地质资料

D. 那位地质科学家冒着生命危险 _____

3. A. 以便日后吸收全职员工

   B. 同时，他们还能通过这种形式充分考察大学生

   C. 因为他们可以以低廉的价格换来高素质的劳动力

   D. 这甚至成为他们的人力资源战略

   E. 公司企业非常愿意接受大学生兼职打工 _____

4. A. 但是有些家长仍希望子女在上大学的时候就结婚

   B. 为此，家长给这些大学生提供额外的经济支持

   C. 虽然有很多人反对

   D. 以便使他们毕业后能全身心投入工作

   E. 而不再为恋爱婚姻分心 _____

5. A. 所以要有足够的心理准备

   B. 这样能使自己得到安慰和解脱

   C. 恋爱并非都是一帆风顺和快乐的

   D. 失落的时候，要多考虑自己的闪光点和回忆与感情无关的美好往事

   E. 免得出现不愉快的时候灰心丧气 _____

修辞提示与练习

设问句和反问句

设问句和反问句与一般的疑问句不同。一般的疑问句是有疑而问，要求对方进行回答、解释。设问句和反问句从表面上看也是提问，其实说话人心里没有疑问，并不要求回答。使用这种句式只是为了取得某种修辞效果。这种句式可以说是无疑而问，明知故问。

（一）设问句

先提出问题，接着再把答案说出来，这种自问自答的句子叫设问句。

◎ 谈恋爱什么最重要？投缘最重要。

① 独具特色的北京胡同在新世纪还存在多少？经过调查，得出的答案是459条。

② 人类到底多大了？专家今日说：新证据可能把人类起源提前160万年。

③ 天文与地震是不是有关系？这个问题曾经引起古今中外许多人的注意。从事天文工作和地震工作的一些科学家，正在从历年来的地震记录中，摸索探讨地震的自然规律。经过分析，他们认为地震与某些天文现象是有关系的。

④ 二十一世纪吃什么？

保健食品势头强劲，

天然食品逐渐增加，

方便食品不断创新。

⑤ 人们在生活中最担忧的是什么？是健康；人们在生活中最向往的是什么？还是健康。

设问句的修辞作用

主要是引起对方的注意、思考。常用于新闻标题和文章题目。用在句中，可以起到承接上文，引出下文的过渡作用；用在全篇或者一个部分、一个段落的结尾，目的是让读者自己去体会思索。

设问句的修辞形式

一问一答，如例①②③；一问多答，如例④；多问一答，如例⑤。

（二）反问句

又叫反诘句，它是用问句的形式表示确定的意思。

◎ 如果自己不把这个问题认识清楚，谁能代替你呢？

⑥ 人家杭州龙井还没有上市，北京怎么已经满街都是龙井了？

⑦ 我们现在的改革开放，不就是为了社会进步，提高人民生活水平吗？

⑧ 如果连动物有时候都能为了达到某种目的控制自己，有思想感情的人类不更应该善于驾御自己吗？

⑨ 这么好的条件，你还不满意！

⑩ 磕破点儿皮，没关系。这不正好多了个"酒窝"吗！

反问句的修辞作用

主要表现在比一般句式具有更强烈的语气和感情色彩。这种语气和感情色彩，有的表示慨叹，如例⑦⑧；有的表示赞颂，如例⑩；有的表示讥讽、不满，如例⑥⑨。

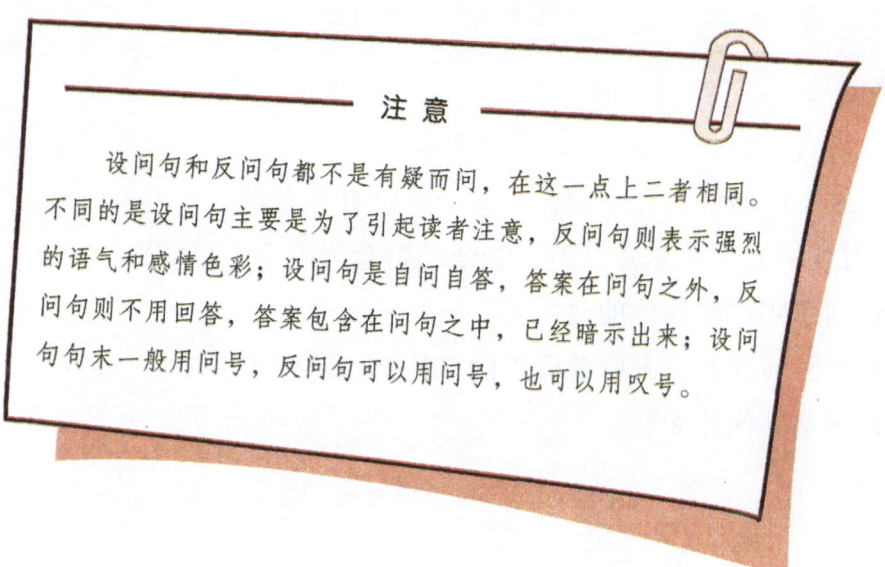

注意

设问句和反问句都不是有疑而问，在这一点上二者相同。不同的是设问句主要是为了引起读者注意，反问句则表示强烈的语气和感情色彩；设问句是自问自答，答案在问句之外，反问句则不用回答，答案包含在问句之中，已经暗示出来；设问句句末一般用问号，反问句可以用问号，也可以用叹号。

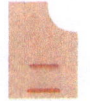 练习

指出下列问句属于疑问句、设问句还是反问句

1. "你要去干什么？"　　　　　　　　　　　　　　　　　　（　　　　）
   "找蔡老师……"我轻轻地回答。

2. 在大学时谈恋爱为的是什么呢？更多的人恐怕只是为了在大学生活中过得不那么枯燥，过得更高兴吧！　　　　　　　　　　　　　（　　　　）

3. "写什么呢？"站在一旁的湖南大学负责人说，"就写千年学府吧。"（　　　　）

4. 他思念亲人，盼望得到家人的音讯，哪怕是只言片语也会给他极大的安慰，可你为什么就那么吝惜笔墨呢？　　　　　　　　　　　　（　　　　）

5. "新的规定说，在校大学生结婚不再需要学校同意。想象一下，你如果是今年五一结婚而不是去年，是不是一切都会不一样了？"记者问。"也许大家看我就没有那么不可理解了吧。"王小姐回答。（　　　）

6. 一个年已花甲的老人要爬上这么高的树怎能不叫人担心？（　　　）

表达与写作

● 表达训练

1. 人的一生可以划分为几个阶段？每个阶段有什么特点？
2. "大学时代最好不要恋爱结婚，恋爱结婚会影响个人发展"，这个观点你同意吗？谈谈你的看法。
3. 在恋爱婚姻问题上，人们最看重的是什么？是相貌、学历、财产、性格，还是其他什么？

● 写作训练

试从以下选题中任选其一作文，题目自拟。

字数：不少于400字；

要求：参考并尝试使用课文里的重点词语。突出主题，有条理，注意书写格式和标点。

第一题

介绍一下你们国家青年男女的婚恋观念。

第二题

大学时代学生谈恋爱结婚，对这个问题你怎么看？

扩展空间

名家典藏

《哦，香雪》铁凝
《没有纽扣的红衬衫》铁凝
《上海森林》张错原

媒体资源

http：//www.youth.cn （中国青少年网）

电影《我的实习生活》
《男才女貌》（DVD）半岛音像出版社出版、发行

词语追踪

小龙女   李莫愁   灭绝师太

12 心灵关怀

背景阅读与练习

一 限时阅读，按要求回答问题　　　　　　　　　　　限时：5分钟

神秘的汗血宝马

汗血宝马，又称天马，大宛马，是世界名马。它因奔跑时脖颈部位流出的汗中有红色物质，鲜红似血，故中国史书中称其为汗血马。汗血马马体高，体形饱满优美，头细颈长，四肢修长，皮薄毛细，轻快灵活，已经有3000多年的驯养历史，其先祖是生长在偏僻沙漠戈壁地带的野马。汗血马不仅外形优美，品质高贵，而且听话、快速，适于长途行走，因此自从汉朝进入中国以来，一直到元朝，兴盛了上千年。但在近代以后，中国境内的汗血马却逐渐衰落下去。其衰落的主要原因是，汗血马虽然速度较快，但是它体形纤细，在古代冷兵器时代，大将骑马作战更愿意选择粗壮的马匹，如蒙古马。同时，古代作战用的马匹多数被阉割，一些优秀的战马失去了繁殖后代的能力。所以，尽管引进的汗血马有公马也有母马，能够进行繁殖，但是由于中国的地方马种在数量上占绝对优势，任何引入马种，都难以避开这样的模式：引种——杂交——改良——回交——消失。

汗血宝马令人称奇的地方，不仅在于其速度快（它在平地奔跑一千米的速度十分惊人：仅需1分07秒），而且还在于它奔跑时出现"汗血"的奇异特征。新疆一些当地人认为，汗血马"流血"是强壮及体力充沛的象征。专家们对此有不同的解释。

有的动物专家猜测：汗血马毛细而密，这表明它的毛细血管非常发达，在高速奔跑之后，随着血液增加5°C左右，少量红色血浆从细小的毛孔中渗出也是极有可能的。

心灵关怀 12

有的专家则认为"汗血"现象是受到寄生虫的影响。这种寄生虫尤其喜欢寄生于马的臀部和背部，马在奔跑时，马皮在两个小时之内就会出现往外渗血的小包。

还有的专家认为"寄生虫说"很难成立。如果是寄生虫引起了汗血马流汗如血，那它为什么不随时流汗如血，而偏在疾速奔跑之后流？他们猜测，马出汗时往往先潮后湿，对于枣红色或栗色毛的马，出汗后局部颜色会显得更加鲜艳，给人感觉像是流血。

判断正误（正确的画"√"，错误的画"×"）

1. 汗血马奔跑的时候全身流出像鲜红的血一样的汗水。（　　）
2. 汗血马驯养的历史距今天已经有1000多年了。（　　）
3. 汗血马是一种马体高，四肢修长的马。（　　）
4. 汗血马的身体特点适于短途奔跑，不适于长途行走。（　　）
5. 一些汗血马因为战争受伤而失去了繁殖的能力。（　　）
6. 汗血马在高速奔跑之后，血液会增加温度。（　　）
7. 造成"汗血"的寄生虫只喜欢寄生在马的臀部和背部。（　　）
8. 一些专家不同意"汗血"现象是受到寄生虫的影响，是因为马不能随时流汗如血。（　　）
9. 当地人认为，汗血马"流血"是强壮及体力充沛的象征。（　　）
10. 汗血宝马在平地奔跑一千米的速度仅需1分17秒。（　　）

选择正确答案

1. 汗血马不能称呼为：（　　）
   A. 汗血宝马　　　　　　　B. 天马
   C. 大宛马　　　　　　　　D. 蒙古马

2. 关于汗血马，文中没有提到的是什么？（　　）
   A. 先祖生长在偏僻的沙漠　　B. 马的身材高，体形优美
   C. 毛细而密　　　　　　　　D. 有的马毛色深黄

3. 关于汗血马"汗血"的原因，哪种不是专家们的观点？（　　）
   A. 马太强壮，容易流血
   B. 体温增加，少量红色血浆从细小的毛孔中渗出

C. 受到寄生虫的影响出血

D. 马出汗时往往先潮后湿，样子像流血

4. 下面哪个句子的意思与文中内容不符？（   ）

　A. 汗血马体形粗壮，奔跑速度飞快

　B. 古代作战用的马匹多数被阉割，不能繁殖后代

　C. 寄生虫尤其喜欢寄生在马的臀部和背部

　D. 中国的地方马种在数量上占绝对优势

5. 汗血马"汗血"的位置在哪里？（   ）

　A. 脖子　　　　　　　　B. 头部

　C. 肚子　　　　　　　　D. 全身

6. 关于汗血马，下面哪个内容本文没有提到？（   ）

　A. 身体的外形　　　　　B. 出售的价格

　C. 衰落的原因　　　　　D. 奔跑的速度

二　阅读后按逻辑关系排列顺序

A. 其次是演奏者很难控制，一不小心就会发出噪音来

B. 这是京胡的优势。但是它也有不足的地方，很少有人把它作为独奏的乐器，原因有三个

C. 京胡的特点是体积虽小但音量很大，频率很高，音色清脆且穿透力强，对演唱有烘托效果的作用

D. 首先是它音域太窄，只有两个八度音

E. 第三是京胡的体积小、重量轻，在演奏时容易移位

重新排序 _____

心灵关怀 12

 **三 阅读后按要求回答问题**

（一）孩子，你让我好感动！

男孩儿与他的妹妹相依为命。父母早逝，她是他唯一的亲人。所以男孩儿爱妹妹胜过爱自己。

然而灾难再一次降临在这两个不幸的孩子身上。妹妹染上重病，需要输血。但医院的血液太昂贵，男孩儿没有钱支付任何费用，尽管医院已免去了手术费，但不输血妹妹仍会死去。

作为妹妹唯一的亲人，男孩儿的血型和妹妹相符。医生问男孩儿是否勇敢，是否有勇气承受抽血时的疼痛。男孩儿开始有些犹豫，十岁的大脑经过一番思考，终于点了点头。

抽血时，男孩儿安静地不发出一丝声响，只是向着邻床上的妹妹微笑。抽血完毕后，男孩儿声音颤抖地问："医生，我还能活多长时间？"

医生正想笑男孩儿的无知，但转念间又被男孩儿的勇敢震撼了：在男孩儿十岁的大脑中，他认为输血会失去生命，但他仍然肯输血给妹妹。在那一瞬间，男孩儿所作出的决定是付出了一生的勇敢，并下定了死亡的决心。

医生的手心渗出汗，他紧握着男孩儿的手说："放心吧，你不会死的。输血不会丢掉生命。"

男孩儿眼中放出了光彩："真的？那我还能活多少年？"

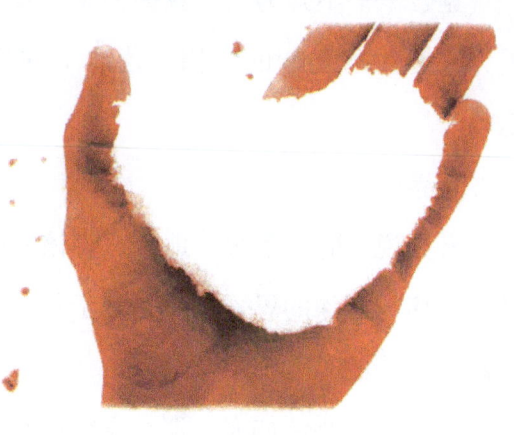

医生微笑着，充满爱心地说："你能活到100岁，小伙子，你很健康！"男孩儿高兴得又蹦又跳。他确认自己真的没事时，就又挽起胳膊——刚才被抽血的胳膊，昂起头，郑重其事地对医生说："那就把我的血抽一半给妹妹吧，我们两个每人活50年！"

所有的人都震惊了，这不是孩子无心的承诺，这是人类最无私最纯真的诺言。

男孩儿要求把他的血抽一半给妹妹，在场的人为什么感到震惊？（不超过100个字）

讨论题

1. 以男孩儿的口吻，把课文的内容描述一下。
2. 以妹妹的口吻，把课文的内容描述一下。
3. 以大夫的口吻，把课文的内容描述一下。

（二） 宽容无语

宽容——不知为何，我痴痴凝视着这个平凡的字眼，心中是那么的温暖与安宁。是因为它们并不复杂的结构，营造了这样一种平静的气氛，才让我拥有一份恬淡的心境吗？

宽容……

有人说，时光是金。那么宽容该是时间的沙漏中轻轻沉淀的细纱吧。积聚了那些曾经的伤痛与深深的思索。于是终于将苦涩的回忆与一切仇怨掩埋，换回了灵魂的解放，这却是无价的。

有人说，心怀如海。那么宽容该是浩瀚汪洋中的一块绿洲吧。无须很大，却足以令感动的热泪充满迷途航人的双眼，才使他那样痛悔自己的贪婪或是鲁莽，倍加珍惜他的生命，正确而心存感谢地面对人生。

心灵关怀

有位哲人告诉我："宽容是一棵树,却无需浓艳的花;宽容是一本书,却无需任何言语;宽容是一个眼神,却无需一双太美丽的眼睛。"

然而我想,宽容本身便是一种美丽。我曾试着描绘她的样子,绘出的却是一片晴空,几缕阳光,卷卷流云。不曾壮阔如山,深远如海,但那种感觉是极舒服的,透气的,纯粹的,幸福的。

宽容真好。宽容别人的人,他的心中必定流淌的是愉悦;被别人宽容的人,他的心中必定绽放的是感激。

可是,难道宽容不曾怨恨过吗?我幽幽地对着眼前安静燃烧着的蜡烛,我看到一串红泪缓缓滑落——生命在无声地流逝。它却仍在温情地燃烧着,照亮了漆黑的夜。夜,永远是那样黑,但蜡烛,却永远宽容着它。蜡烛平凡而伟大的爱在静静地传递给黑暗,悄无声息。

我却分明听到那晃动的光影默默轻吟,那仿佛是曲生命的歌,轻唱着无华的岁月,低吟着平安的心灵的苦乐……

我沉默着,感动着,已不必再追问什么。

讨论题

1. "宽容是一棵树,却无需浓艳的花;宽容是一本书,却无需任何言语;宽容是一个眼神,却无需一双太美丽的眼睛。"这段话想说的意思是什么?
2. 作者对宽容的理解是什么?你是怎么看待宽容的?
3. 请介绍一下你所知道的有关"宽容"的故事。

课　文

课文导读

临终关怀医院里的病人，都是即将完成生命历程的人。按常理来说，他们可能消极、颓废、精神萎靡、自暴自弃。抱着这样的想法，作者认识了一个身患肺癌的京胡艺术家。然而出乎意料的是，这位即将离去的艺术家，仍然有着对生活的一片热爱，他深爱京胡，仍然享受着京胡的乐趣，并且热情地介绍作者去认识和学习京胡。虽然他不久就故去了，但是留给生者的不仅仅是一封信，还有深深的思考。

思考题

1. 在你生活的周围，人们在遇到人生重大问题，比如灾难、重大疾病的时候，都有哪些表现（语言、行为、情绪……）？
2. 在你的生活中，你最佩服的人是谁，为什么是他（她）？
3. 你听说过临终关怀医院吗？人们怎么看待这样的地方？

汗血马尾

毕淑敏

学校组织志愿者，到临终关怀医院①去服务。我第一个报了名。我想那一定是世界上最忧郁的地方。

星期六的下午，我和同学们到达临终关怀医院。戴着圆圆白帽子的胖护士长说："同学们，我们这里是人生最后的一站，病人将从这里走向永恒。他们多是鳏寡孤独的老人，你们要送给他们最后的温暖。我先介绍一下病人的情况，同学们自由选择愿意陪伴的病人。第1病室第1床，方文老先生，70岁，肺癌晚期。孤身一人，是一位著名的京胡演奏艺术家……"

我立刻说："哎，护士长，我就要这位老人了。"这个

---

① 临终关怀医院是为那些即将离开人世的人服务的机构，目的是使病人带着笑容走完生命的最后历程。

12 心灵关怀

病人是搞艺术的，也许比别的垂死的人，会有趣一点儿吧？

护士长领着我向走廊深处走去，我的皮鞋后跟像颤抖的牙齿敲击地面，嗒嗒作响。我不好意思地说："下一次我穿软底布鞋。"

护士长说："这双鞋就很好。我们这儿和一般的医院不一样，喜欢热闹，越热闹越好，有人间的气息。"

护士长推开房门的同时，京胡声停了。

一个70岁的患肺癌的老人，会是什么样呢？

屋里只有一张床，一个人，一把古旧的京胡倚在床边，老人落叶般地飘浮在白色的被单上面，因为怕冷，斜盖着一角被子。他比我之前所有想象的都更加枯萎，但那声音又分明是他发出来的。

"啊，护士长，您好。今天给我带来了什么好消息？"

要不是亲耳听见，真不相信这么干瘪的躯体里，能蕴藏这么响亮的声波。我很拘谨地问了好，小心翼翼地说："要我为您做点儿什么事吗？"

他猛地坐起来，用脚摸索着找鞋，下肢软而长地耷拉着，在地上盲目地划着圈。好不容易他把鞋穿好了，端正地坐在床沿上对我说："啊，不用！不用！我现在什么事都能自己做，你看，我能自己走路……"

"你看，我还能自己喝水。"他拿起床头柜上的水杯，抖抖索索地掀了盖子，大口地喝着不知何时凉下的茶水，一边喝，一边看着我，看我是不是也在看着他。

当他把盖子放回茶杯上的时候，手抖得非常厉害，盖子就掉到地上了。

我蹲在地上捡盖子的碎片，他不好意思地说："我早就想换一个茶杯了。"

我不知说什么好，方老①似乎感到自己有打破尴尬的责任，长叹了一口气，然后尽量振作着说："杜鹃，你给我唱一段京剧②吧。我来为你伴奏。"说着用手吃力地摸琴。

我赶忙说："方老，很抱歉，我不会唱京剧。"

"不会唱京剧？不能吧？京剧是我们的国剧，你要真不会就更得学了。"方老一下子很失望。过了一会儿他开始剧烈地咳嗽，我从来没见过一个人咳得这样厉害，青筋暴

---

① 姓后加"老"，称某老，是对老年人的尊称。一般尊称七八十岁以上的老人。
② 京剧：中国全国性的主要剧种之一。清中叶以来，以西皮、二黄为主要腔调的徽调、汉调相继进入北京，徽汉合流演变为北京皮黄戏，即京剧，也叫国剧、平剧。

跳，双眼充血，每一声都像风干了 100 年的枯柴骤然断裂。我慌得要喊护士，没想到他又喘过气来了，嘴一张，很光滑地吐出了一块血团。然后一切风平浪静。

我半张着嘴，很受了惊吓。方老顾不得拭净嘴角的血丝，微笑着说："没什么。"

门开了，护士推着治疗车走进来，说："方老，要输液了。您躺好，千万不要动啊。"

老人顺从地躺下，伸出嶙峋的手臂。上面满布针眼，像是被一种满身钉耙的奇怪兵器所伤。我不敢再看，把眼睛移向窗外。

我听到轻微的金属声，然后是护士说："哎呀，对不起，方老，没扎进血管。让您受苦了。"

方老好像全然没有知觉，稳稳地说："不要紧。是我的胳膊有问题。它已经扎了太多的针，像鞋底子，到处都是窟窿了。不怪你。"

那个护士连扎了好几针，当针头在因为淤血而呈紫蓝色的皮下蛇行的时候，我的心像刺猬一样竖起硬刺，可方老仍然带着宁静的微笑……

护士总算扎进去了。她对我说要到别的病房去一下。又只剩下我和孤独的老头了。单调的输液水滴声响着，好像这屋里还有另一颗心脏在跳动。

方老仰面看着天花板说："杜鹃，外面的马路上是不是有很多的人，有很多的车啊？"

"还和以前差不多吧。"

"外面的天气是不是已经很热了？"

"快到夏天了，当然是一天比一天热了。"

我只是按照我的习惯说话，老人却显得很懊丧。但他像个不倒翁似的，在你意想不到的地方又站了起来。我的精神刚一松弛，他又出新的提议："杜鹃，你能帮我拉一段京胡吗？我躺在这里，一动也不能动。真想听听京胡的声音啊。"

我很干脆地拒绝了："这乐器我可不会拉，我甚至看都没仔细看过它。"

我想他肯定会伤心的，没想到他兴致勃勃地睁开眼睛说："那我正好教你啊，不然你一直坐在旁边看着我输液，是件很枯燥的事。学点儿乐器，不是很好吗？你把京胡拿过来。"

我不好拂他的好意，就随手拉过胡琴。不知碰到了哪根弦，发出尖锐的噪音。

方老心疼得好像一根竹签子钉进了指甲，痛楚地说："哎哟，我的小姑娘，你可手轻点儿。这把京胡是我爷爷的爷爷传下来给我的，起码有 200 岁了。"

我持琴的手指一阵麻感，好像有一个精灵爬上手臂。我说："啊……想不到它这么老了。"

老头来了谈兴，说："是啊，自然界的一块石头，一棵树，也都有它们自己的生命。比我们人类要漫长得多。"

老人以为终于找到了我们之间的契合点，连鼻尖都闪亮起来。

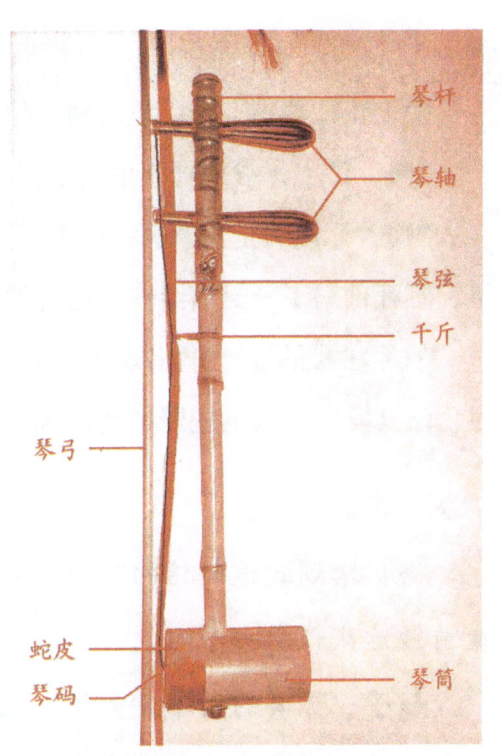

"你看这琴担，是用湘妃竹做的。湘妃是中国古代一位非常美丽的女子，她的丈夫出征的时候死在战场上了，她的眼泪染遍了山野的每一丛竹林，从此，竹子上就有了紫色的泪痕……

"你看，这琴弦是用中国最名贵最坚韧的蚕丝精制而成的，它震动的时候，就有丝绸般的柔软与飘逸扑面而来……

"你看这京胡的琴弓，是产自中国西域新疆的汗血宝马的马尾汇集而成的。这柄琴弓，新的时候，有整整200根白色马尾，随着时间的流逝，现在只有100根了。可是它的弓力依然不减，拉起它，就好像听到了西域奔腾的马蹄声……

"再说这拉琴时用的松香，来自原始森林千年古松流出的松脂。它是松树的眼泪。对于那些最老的松树来说，简直就是它们的骨髓……

"你再看，这琴筒是用灵蛇的皮包绕而成的。它象征着琴声的诡谲与灵动。这是人和天地对话的翻译。可不要小看了蛇，上帝对人的心思，就是蛇最先发现的……"

我静静地听着这些话，它像从一个老树洞里发出的啄木鸟声，锥入我柔弱的心房。

我把琴在腿上放好。方老躺在床上遥控："你左手操琴，右手持弓，对，好。就像这样拉……"

我用那把有100根银白马尾的弓子，碰了蚕丝做成的弦一下，京胡回应我的是极其粗钝的呻吟。

方老耐心地说："不要着急。我刚开始拉琴的时候，声音也很难听。那时我刚满七岁，我的祖父说，你听啊你听，你别以为京胡是死的，它里面蕴藏着那么多的动物与植物的灵魂，你拉动琴弦，它们就会对你说话。我却一点儿也听不出来。后来，在一个充满了青草气味的夜晚，我在月亮下拉琴。突然，我听到了，三山五岳江河湖海的声音——

齐在我的耳边响起来了，无数生灵在对我倾诉。人的生命是有限的，当我们有形的身体，从这个世界上消失以后，我们也许会变成一根竹子、一把蚕丝，继续对着大自然诉说我们的秘密……"

一个星期又飞快地过去了。又是一个星期六的下午，我一进医院，径直冲进1号病房。

护士正在整理床铺，屋内别无他人。

"咦，护士，爷爷到哪里去了？"

"噢，你说的是方老啊。他去了。"护士注视着我说："对了，方老他没有什么亲人了，临死前写了一封信给你，还有他的胡琴。"

胡琴在我的视野里出现了。断了的马尾已被摘去，琴弓仍然挺拔。在我的视野里还出现了一张纸，上面写着：

杜鹃，我的孩子：

当你读到我这封信的时候，我已经到那个没有人能回来的地方去了。你是我生前最后认识的一个人。

孩子，你真的太不爱笑了，也不喜欢音乐。这是你人生的一个遗憾，我很想能帮助你。只是我已经没有这个时间了。我把我的京胡留给你，在天上撒满了月光，空气中充满了青草味的夜晚，我希望你能拉响它，这是一把有200年历史的老琴了，它会告诉你很多很多的东西。它的担子是用湘妃竹做的，它的琴弦是天然的蚕丝，它的琴弓是奔驰的马尾，它的筒子是灵动的蛇皮……

京胡是自然之子，我们每个人也都是自然之子。拉起琴吧，那里面有大自然的精灵的呼吸。我们每个人也要回到大自然中去。也许有一天，你会在琴声中听到我的声音。

杜鹃，我的孩子。这把古琴值很多钱，有许多人要买它，我都没有卖。我把它送给你，是因为你不快乐。我希望这美妙的自然之声能使你快乐，这是无论多少金钱也买不到的幸福啊！

杜鹃，拉起爷爷留给你的胡琴，笑一笑，我在那个遥远而美丽的地方，听得见你的琴声，听得见你的笑声。我会和你一齐欢笑的……

纸在我的手中渐渐透明。

心灵关怀 **12**

思考与回答

1. 学校组织志愿者到临终关怀医院去服务，杜鹃为什么第一个报了名？

   忧郁

2. 杜鹃刚跟方文老先生见面的时候，老先生给她什么样的印象？

   垂死　　枯萎　　干瘪　　蕴藏　　夯拉　　抖抖索索

3. 方文老先生是用什么样的态度面对他的肺癌现实的？文章中哪些地方作了刻画和描写？

   振作　　顾不得　　顺从　　全然

4. 杜鹃刚去临终关怀医院服务时的心情和她与方文老先生交往以后的心情一样吗？谈谈你的分析。

   拘谨　　小心翼翼　　径直　　美妙　　欢笑

5. 请指出文中哪些地方用了夸张的修辞方法？

背景链接

　　毕淑敏，女，1952年出生于新疆，中学就读于北京外国语学院附属学校。1969年入伍，在喜马拉雅山、冈底斯山、喀喇昆仑山交汇的西藏阿里高原部队当兵11年。1980年转业回北京。

　　从事医学工作20年后，开始专业写作，共发表作品200万字。曾获许多文学奖项。毕淑敏真正取得全国性声誉是在短篇小说《预约死亡》发表后，这篇作品被誉为是"新体验小说"的代表作，它以作者在临终关怀医院的亲身经历为素材，对面对死亡的当事者及其身边人的内心进行了探索，描写得十分精彩。

词语

1.	临终	línzhōng	(动)	人将要死（指时间）。
2.	忧郁	yōuyù	(形)	愁闷。
3.	永恒	yǒnghéng	(形)	永远不变。
4.	演奏	yǎnzòu	(动)	用乐器表演。
5.	垂死	chuísǐ	(动)	接近死亡。
6.	倚	yǐ	(动)	靠着。
7.	枯萎	kūwěi	(形)	干枯萎缩。
8.	干瘪	gānbiě	(形)	干而收缩，不丰满。
9.	蕴藏	yùncáng	(动)	蓄积而未显露或未发掘。
10.	拘谨	jūjǐn	(形)	（言语、行动）过分谨慎；拘束。
11.	猛	měng	(副)	忽然；突然。
12.	下肢	xiàzhī	(名)	人体的一部分，包括大腿、小腿、脚等。
13.	耷拉	dāla	(动)	下垂。
14.	捡	jiǎn	(动)	拾取。
15.	振作	zhènzuò	(动)	使精神旺盛，情绪高涨；奋发。
16.	伴奏	bànzòu	(动)	唱歌、跳舞或独奏时用器乐配合。
17.	充血	chōngxuè	(动)	局部的动脉及毛细血管的血量增加血流，充满血液。
18.	枯柴	kūchái	(名)	用作燃料的干枯植物枝桠。
19.	断裂	duànliè	(动)	断开；分裂。
20.	喘	chuǎn	(动)	急促呼吸。
21.	顾不得	gù bu de		无法注意，无法考虑。
22.	拭	shì	(动)	擦。
23.	顺从	shùncóng	(动)	依照别人的意思，不违背，不反抗。
24.	嶙峋	línxún	(形)	〈书面语〉形容人消瘦露骨。

12 心灵关怀

25.	轻微	qīngwēi	（形）	数量少而程度浅的。
26.	全然	quánrán	（副）	完全地（多用于否定式）。
27.	窟窿	kūlong	（名）	洞。
28.	淤血	yūxuè	（名）	血凝聚不流通。
29.	呈	chéng	（动）	呈现（某种颜色、状态）。
30.	竖	shù	（动）	使物体跟地面垂直。
31.	总算	zǒngsuàn	（副）	表示经过相当长时间以后某种愿望终于实现。
32.	仰面	yǎngmiàn	（动）	脸朝上。
33.	天花板	tiānhuābǎn	（名）	室内的天棚，讲究的有雕刻或彩绘。
34.	枯燥	kūzào	（形）	单调，没有趣味。
35.	拂	fú	（动）	〈书面语〉违背（别人的意图）。
36.	竹签子	zhúqiānzi	（名）	用竹子削成的有尖儿的小细棍。
37.	痛楚	tòngchǔ	（形）	悲痛；苦楚。
38.	麻	má	（形）	肌肉有像蚂蚁爬动那样的感觉或轻度失去感觉。
39.	精灵	jīnglíng	（名）	鬼怪。
40.	谈兴	tánxìng	（名）	说话的兴致。
41.	契合点	qìhé diǎn		合得来的方面，意气相投之处。
42.	出征	chūzhēng	（动）	出去打仗。
43.	染	rǎn	（动）	用染料着色。
44.	泪痕	lèihén	（名）	眼泪流过后所留下的痕迹。
45.	名贵	míngguì	（形）	著名而且珍贵。
46.	坚韧	jiānrèn	（形）	坚固有韧性。
47.	震动	zhèndòng	（动）	颤动；使颤动。
48.	柔软	róuruǎn	（形）	软和；不坚硬。
49.	飘逸	piāoyì	（形）	〈书面语〉洒脱，自然，与众不同。
50.	扑面	pūmiàn	（动）	迎着脸来。

51.	汇集	huìjí	(动)	聚集。
52.	柄	bǐng	(量)	〈方言〉用于某些带把儿的东西。
53.	流逝	liúshì	(动)	像流水一样迅速消逝。
54.	奔腾	bēnténg	(动)	（许多马）跳跃着奔跑。
55.	骨髓	gǔsuǐ	(名)	骨头空腔中柔软像胶的物质。
56.	诡谲	guǐjué	(形)	〈书面语〉奇异多变。
57.	灵动	língdòng	(形)	活泼不呆板，富于变化。
58.	小看	xiǎokàn	(动)	〈口语〉轻视。
59.	锥	zhuī	(动)	用锥子形的工具钻。
60.	柔弱	róuruò	(形)	软弱。
61.	遥控	yáokòng	(动)	远距离操纵。
62.	操	cāo	(动)	抓在手里；拿。
63.	粗钝	cūdùn	(形)	粗糙；不灵活。
64.	倾诉	qīngsù	(动)	完全说出（心里的话）。
65.	径直	jìngzhí	(副)	表示直接向某处前进，不绕道，不在中途耽搁。
66.	床铺	chuángpù	(名)	床和铺的总称。
67.	视野	shìyě	(名)	眼睛看到的空间范围。
68.	挺拔	tǐngbá	(形)	直立而高耸。
69.	奔驰	bēnchí	(动)	（车、马等）很快地跑。
70.	美妙	měimiào	(形)	美好可喜。
71.	欢笑	huānxiào	(动)	快活地笑。

四字词语

1.	鳏寡孤独	guān guǎ gū dú	泛指没有或丧失劳动力而又无依无靠的人。
2.	小心翼翼	xiǎoxīn yìyì	翼翼：严肃谨慎。本是严肃恭敬的意思。现形容谨慎小心，一点儿不敢疏忽。

12 心灵关怀

3. 抖抖索索　dǒudǒusuǒsuǒ　形容动作颤抖的样子。
4. 青筋暴跳　qīngjīn bàotiào　形容因紧张头颈血管突起的样子。
5. 风平浪静　fēng píng làng jìng　指没有风浪。比喻平静无事。
6. 意想不到　yìxiǎng bú dào　指完全没有想到。
7. 兴致勃勃　xìngzhì bóbó　兴致：兴趣；勃勃：旺盛的样子。形容兴头很足。
8. 三山五岳　sān shān wǔ yuè　总括所有知名的大山。
9. 江河湖海　jiāng hé hú hǎi　总括所有的水面。

词语讲解与练习

一 词语例释

1. 小心翼翼

四字词语 形容谨慎小心，一点儿不敢疏忽的样子。

◎ 我很拘谨地问了好，小心翼翼地说："要我为您做点儿什么事吗？"

① 文物工作者戴着白手套，小心翼翼地从古墓中托出一件件古朴而精美的青铜器。

② 看到路面上有一些石块，司机们都放慢车速，小心翼翼地通过。

③ 小辉的母亲把刚刚收来的 7500 元房租小心翼翼地放进卧室的钱柜里。

④ 人们把一个重达 50 公斤的巨大西瓜小心翼翼地抬上了运输车。

⑤ 自从在楼梯上摔了一跤，他每次走到那里都是小心翼翼的。

"小心翼翼"一般作状语，如例①②③④；有时也作谓语，如例⑤。

2. 顾不得

词组1 意思是无法关注。用在特定情况下不能对某事或某种情况作出过多关注的场合。

◎ 方老顾不得拭净嘴角的血丝，微笑着说："没什么。"

① 他爬起来顾不得掸一下身上的泥土，继续向前跑去。

② 尽管还是冬季，我顾不得寒冷，迫不及待地打开车窗，尽情呼吸车外清新的空气。

③ 大家顾不得劳累，自己动手做起饭来。

④ 大峡谷展现在我们面前，全车人顾不得旅途劳累，立即跑下车欢呼起来。

⑤ 许久没有吃过这么香的饭菜了，小伙子顾不得那么多，狼吞虎咽起来。

📖 此词组常用于动作发出者自己对自己顾不得的场合。

词组2 意思是无法照管。用于条件不允许而无法照顾的场合。

⑥ 父母远在外地打工，顾不得他们在家乡的事情了。

⑦ 他已经穷得没有钱了，所以顾不得他养的那两只小猫了。

📖 此词组常用于动作发出者对与自己有关的他人他物顾不得的场合。

3. 总算

副词 表示经过相当长时间以后某种愿望终于实现。

◎ 那个护士连扎了好几针，……总算扎进去了。

① 新年到了，总算能和家人好好团聚几天了。

② 一连下了几天的大雪，天总算晴了。

③ 这个难题大家想了一下午，总算想出解决的办法了。

④ 办完入学手续，来到宿舍放下行李，这时候才总算可以休息一下了。

⑤ 你总算来了，我们在这儿已经等了一个多小时了。

12 心灵关怀

> "总算"常位于复句的后一分句中。格式为"总算+动词/动词词组/形容词+了",如例①②③④;有时也位于复句的前一分句中,如例⑤。

4. 竖

动词 使物体跟地面垂直。

◎ 当针头在因为淤血而呈紫蓝色的皮下蛇行的时候,我的心像刺猬一样竖起硬刺。

① 城区的主要街道上竖起了许多城市导向地图牌。

② 北风刮得特别厉害,头发都被刮得竖了起来。

③ 你要睁大眼睛,竖起耳朵,仔细选择你要看的电影和要听的音乐。

④ 那个黑大汉在门前一竖,横眉立目,许多人都不敢往前靠近了。

⑤ 大家登上顶峰,累得都站不起来了,横七竖八地躺在地上。

> 除了指物体跟地面垂直的意思外,还用指与横相对的状态,如例⑤。

5. 小看

动词 表示轻视的意思。常用做谓语、定语。用于口语。

◎ 可不要小看了蛇,上帝对人的心思,就是蛇最先发现的……

① 北极正在发生的变化对全球自然、经济的影响不可小看。

② 生活在沙漠中的眼镜蛇是一个不可小看的危险动物。

③ 别小看农民吃饺子这件事,它表明农民的生活水平已经有了提高,以前农民只有在过年的时候才能吃上饺子。

④ 千万别小看这几十块钱,以前它可是一笔不小的数目,用它我们可以生活一个月呢!

⑤ "别小看人,我可是受过专业训练的!"小女孩儿不甘示弱地抬起头看着对手说。

> "小看"前常加"不可""不要""别"等否定词语,表示应该重视的意思。

二 词语辨析

1. 蕴藏　埋藏

蕴藏

◎要不是亲耳听见，真不相信这么干瘪的躯体里，能<u>蕴藏</u>这么响亮的声波。

① 精明的商人们看到了"少林"两个字背后<u>蕴藏</u>的无限商机，纷纷投资进行开发。

② 海洋中<u>蕴藏</u>着极其丰富的生物资源及矿产资源，等待人类开发。

③ 民间说唱艺术作品<u>蕴藏</u>的巨大美学价值，也是文学、影视艺术创作的源泉。

④ 那个海域是石油和天然气<u>蕴藏</u>量十分丰富的地区。

⑤ 这部作品豪迈而充满幽默，活泼而<u>蕴藏</u>智慧。

埋藏

⑥ 为了不打破她平静的生活，小伙子把对她的一片深情<u>埋藏</u>在心底没有向她表白。

⑦ 这个秘密在他心里<u>埋藏</u>了20年，从未向任何人提起过。

⑧ 现在开采的石油一般都<u>埋藏</u>得很深，通常都在一两千米以下。

⑨ 地下仍<u>埋藏</u>着许多未被发现的资源。

⑩ 他怕银子被人偷走，所以把它<u>埋藏</u>在一棵大树下。

异同归纳		蕴藏	埋藏
同	词性	动词	
	词义	表示深藏在里面未表露出来。	
	句法功能	都可作谓语，能带宾语。	
	语体风格	用于书面。	

12 心灵关怀

续表

异同归纳		蕴藏	埋藏
异	词义侧重	着重于积蓄而未显露或未被挖掘。比喻感情、精力、技巧、韵味等藏而不露或积极性、创造性等未发挥出来。 例①③⑤	着重于藏在泥土或细碎的物体中未显露出来，对象多是物品、尸骨等。比喻感情、印象等深藏心中。 例⑥⑦
	词义范围	"蕴藏"是天然的，不是人为的。	"埋藏"可以是天然的；也可以是人为的。 例⑧⑨ 例⑩
	句法功能	不能用于"把"字句。	能用于"把"字句。 例⑩
	语体风格	书面语色彩比"埋藏"更浓。	
	习惯用语	蕴藏量	

2. 汇集　聚集

汇集

◎你看这京胡的琴弓，是产自中国西域新疆的汗血宝马的马尾<u>汇集</u>而成的。

①新闻中心里<u>汇集</u>着来自世界各国200多个媒体的1000多名记者。

②此次画展<u>汇集</u>了全国100余位画家近200件作品。

③节日花车队伍从城市的四面八方向中心广场<u>汇集</u>。

④一滴水固然很微小，但许许多多<u>汇集</u>起来就能形成大海。

⑤研究人员将大量民俗文化图文资料加以<u>汇集</u>、编排，建成资料库。

聚集

⑥秋高气爽的时候人们<u>聚集</u>在公园空旷处或广场上放飞风筝。

⑦参加活动的获奖代表和北京志愿者<u>聚集</u>到八达岭长城脚下。

⑧空气中的水分在地面<u>聚集</u>起来，形成一层很低的雾或霭。

⑨中关村科技园有良好的发展前景，大批海内外高科技人才向中关村科技园<u>聚集</u>。

⑩升旗仪式开始以前，广场上<u>聚集</u>了成百上千名前来观看的群众。

异同归纳		汇集	聚集
同	词性	动词	
	词义	表示凑到一起。	
	句法功能	一般作谓语。	
	语体风格	多用于书面。	
异	词义侧重	也作"会集"。着重于像河流那样汇合在一起，有形象色彩。	着重于由分散到集中聚合在一起。多用于人和具体事物，也可以用于动物和抽象事物。属于中性词。
	搭配对象	"汇集"的宾语常由数量词加表示人或物的词语构成，　　　例①② 它自身也可充任动词"加以"的宾语。　　　　　　　　　例⑤	"聚集"作为谓语，它后边的宾语常为处所宾语。　　　例⑥⑦

3. 奔腾　奔驰

奔腾

◎ 它的弓力依然不减，拉起它，就好像听到了西域奔腾的马蹄声……

① 草原上白云滚滚，万马奔腾，那场面真是激动人心。

② 家乡的大河日夜奔腾，流向那遥远的大海。

③ 如果没有无数小河汇入江河，自然也就不会出现大江大河奔腾入海的壮观景象了。

④ 人们把奔腾千里的黄河称为中华民族的母亲河。

⑤ 诗人抑制不住奔腾的思绪，马上用诗句把它们记录下来。

奔驰

⑥ 司机驾驶着汽车向远方奔驰而去。

⑦ 播种机在乌黑的土地上奔驰着。

⑧ 野马在山野间自由地奔驰惯了，很难使它安稳下来。

⑨ 奔驰的列车出现在青藏高原上，这实现了当地各族群众多少年的梦想。

⑩ 事实告诉人们，那些奔驰的骏马是离不开草原的。

12 心灵关怀

异同归纳		奔腾	奔驰
同	词性	动词	
	词义	急速地行走或前进。	
	句法功能	都可作谓语和定语。	
	语体风格	多用于书面。	
异	词义侧重	着重于跳跃着向前跑动或涌动。	着重于高速度地飞奔快跑。
	句法功能	作谓语，如带宾语，一般只为"千里、万里"或"人海"一类的词语。	作谓语，不能带宾语。
	词语搭配	可用于马群、人群快跑，火焰、洪水、江水、鱼群等快速涌动，例①②③④ 还可以比喻感情、情绪不平静的状态。例⑤	多用于车、马，有时也用于人。例⑥⑦⑧⑨⑩
	常用格式		向+地方/方向+奔驰 奔驰在+地方
	习惯用语	万马奔腾、日夜奔腾	

4. 美妙　美好

美妙

◎我希望这美妙的自然之声能使你快乐，这是无论多少金钱也买不到的幸福啊！

①露天音乐会上交响乐队正在演奏，美妙的旋律在广场上空久久回荡。

②艺术家向在场的观众展示她美妙的歌喉。

③这些画太美妙了，有感动人心的力量，让人从喧闹中沉静下来。

④静静的鸣沙山，在叮咚的驼铃声中显得那样美妙而神秘。

⑤这部小说写得真是太美妙了，它的笔调既严肃而又欢快。

美好

⑥ 科学是人们生活中最重要、最美好和最需要的东西。

⑦ 我们要把北京的未来建设得更加美好。

⑧ 它能让在生活压力之下不堪重负的成年人忆起那些曾经有过的美好片段。

⑨ 校长对全体毕业生说:"衷心祝愿同学们事业有成,前程美好!"

⑩ 我们是在发展与变化中享受生活的美好和快乐的。

异同归纳		美妙	美好
同	词性	形容词	
	词义	形容给人以美感,使人喜爱、满意的。	
	句法功能	都可作谓语、宾语、定语和补语。	
	语体风格	用于书面。	
异	词义侧重	着重于完美绝妙,使人喜爱。	着重于刺激鼓舞使人振奋精神。
	语体风格	书面语色彩比"美好"浓。	
	搭配对象	声音、曲调、艺术、诗句、时刻、想象…… 例①③⑤	社会、生活、前途、远景、未来、愿望、理想、思想、感情、季节、语言…… 例⑦⑨⑩

 **三 词语搭配**

1. **蕴藏**

~的数量	深深(地)~	~资源
~的地点	普遍(地)~	~力量
~的原料	广泛(地)~	~生命力

12 心灵关怀

2. 汇集

　　~的人才　　　迅速地~　　　~情况
　　~的方法　　　顺利地~　　　~财物
　　~的经验　　　大量地~　　　~材料

3. 奔驰

　　~的列车　　　迅速地~　　　汽车（在）~
　　~的骏马　　　自由地~　　　马群（在）~
　　~的速度　　　长久地~　　　洪水（在）~

4. 奔腾

　　~的大河　　　剧烈地~　　　岩浆~
　　~的巨浪　　　欢快地~　　　浪花~
　　~的思绪　　　迅猛地~　　　万马~

四 练习

（一）模仿例子组成新词

1. 孤独　　孤___　　孤___　　孤___　　孤___
2. 伴奏　　伴___　　伴___　　伴___　　伴___
3. 轻微　　轻___　　轻___　　轻___　　轻___
4. 坚韧　　坚___　　坚___　　坚___　　坚___
5. 奔腾　　奔___　　奔___　　奔___　　奔___
6. 泪痕　　泪___　　泪___　　泪___　　泪___
7. 美妙　　美___　　美___　　美___　　美___
8. 欢笑　　欢___　　欢___　　欢___　　欢___
9. 顺从　　___从　　___从　　___从　　___从
10. 名贵　　___贵　　___贵　　___贵　　___贵

(二) 选择适当的词语填空

蕴藏　埋藏　汇集　聚集　奔腾　奔驰　美妙　美好

1. 炼铁炉开炉了，_____的铁水冒着耀眼的火焰流进一个个铸模中。
2. 沿海地区_____着十分丰富的天然气资源。
3. 一首首_____动人的歌曲让观众仿佛置身于音乐的"流行花园"。
4. 成千上万的游人_____在金字塔下争睹这一奇景。
5. 这项调查_____了54家中央银行提供的数据。
6. 他在家乡度过了青少年时代一段最_____的时光。
7. 婚礼的车队排成一列，沿着公路向市中心_____。
8. 那些中学的少男少女把他们的小秘密_____在日记里。

(三) 选择适当的四字词语填空

小心翼翼　抖抖索索　青筋暴跳　风平浪静　兴致勃勃　三山五岳

1. 在警察面前，小偷_____地交出了刚刚从行人那里偷来的钱包。
2. 小辉的母亲把刚刚收来的7500元房租_____地放进卧室的钱柜里。
3. 刚才水面上还是_____的，怎么突然刮起了大风？
4. 他打算在以后的几年登山旅行中，登遍_____。
5. 市民们_____地参加了绿化祖国的植树活动。
6. 卖花的老板见到自己出售的花被人踩坏了，气得脸通红，脖子_____。

(四) 为四字词语选择适当的位置

1. 抖抖索索

一阵 A 咳嗽声后，B 房间里走出来一个 C 的老爷爷，看起来他是那样 D 的瘦弱。
（　　）

12 心灵关怀

2. 青筋暴跳

   那个人 A 听完之后 B 气得 C，双手撕扯着 D 头发向对方大声喊叫起来。

   （　　）

3. 风平浪静

   A 海面上 B，有几艘渔船停靠在岸边 C，岸上有人在修补着木船，D 叮叮当当的。

   （　　）

4. 三山五岳

   他领略过 A 的风光 B，C 被这些 D 大山深深吸引住了。（　　）

5. 兴致勃勃

   学生们 A 在博物馆 B 地了解南宋官窑的陶瓷文明 C，D 增长了不少历史知识。

   （　　）

6. 小心翼翼

   他对 A 生活，B 对工作，C 对感情，总是 D 的，不敢太大意。（　　）

(五) 用指定词语完成句子

1. 洪水突然冲进了这个村庄，人们_____向地势高的地方拼命跑去。（顾不得）
2. 驯兽员让老虎抬起爪子，它_____。（顺从）
3. 出了那个问题不是我的责任，可不管我怎么解释，他_____。（全然）
4. 已经有几年没有回家跟父母过年了，今年_____。（总算）
5. 这次全国歌手大赛，_____。（汇集）
6. 站在长江边，望着_____，心情很不平静。（奔腾）
7. _____，它能给孩子买一些学习用具。（小看）
8. _____，在马群的身后留下一片烟尘。（奔驰）
9. _____，我从来没有听过这么好听的音乐。（美妙）
10. 我的头_____，不过没关系，可以和大家一起去旅行。（轻微）

203

(六) 用指定格式完成句子

1. A. _____？(……会是什么样呢?)

   B. 我也不知道，也许你见到他就知道了。

2. A. 刚才跟我一起谈话的是我妈妈，怎么？你不相信？

   B. 她那么年轻！_____，_____。(要不是……，……真不相信……)

3. A. 你给孩子的关心太多了，好像没有你自己的生活了。

   B. _____，_____。(对于……来说，简直就是)

4. A. _____，这把小提琴已经有100多年历史了。

   B. 真的呀！我还从来没见过这么古老的小提琴。(可不要小看了……)

(七) 下面每句话都画出了 ABCD 四个部分，请挑出有错误的部分

1. <u>雨越下越大</u>，<u>但这丝毫不能动摇队员们完成调查的决心</u>，<u>队员们冒着顾不得的</u>
   　　A　　　　　　　　B　　　　　　　　　　　　　　　C

   <u>大雨</u>，<u>挨家挨户把问卷送到农民手中</u>。　　　　　　　　　　　　　　　(　　)
   　　　　　　　D

2. 写论文真不是件简单的事情，<u>这一点我体会很深</u>。花了半年的时间，<u>最近总算我</u>
   　　　　A　　　　　　　　　　B　　　　　　　　　　C

   <u>的这篇论文写好了</u>。　　　　　　　　　　　　　　　　　　　　　　　　(　　)
   　　D

3. 据了解，大部分人没有意识到心理危机干预的<u>重要性</u>，一些人在经历天灾人祸后
   　　　　　　　　　　　　　　　　　　　　　A

   <u>的心理阴影可能蕴藏很深</u>，<u>3~5年后</u>，<u>甚至十几年后才开始显现</u>。　　　　(　　)
   　　　B　　　　　　　　　　　C　　　　　　D

4. 市民在志愿者和工作人员的带领下，<u>兴致勃勃从内到外了解了这座新场馆</u>，<u>对场</u>
   　　　　　　　　A　　　　　　　　　　　　　　　　　　　　　　　　　　　B

   <u>内设施感叹不已</u>，<u>在新场馆的前面纷纷拍照留念</u>。　　　　　　　　　　(　　)
   　　C　　　　　　　　D

语法讲解与练习

一 二重复句

复句中的分句能进行第二个层次分析的,叫二重复句。

◎ 这柄琴弓,新的时候,有整整200根白色马尾〈1〉,│ 随着时间的流逝,
　　　　　　　　　　　　　　　　　　　　　　　　（并列）
现在只有100根了〈2〉, ‖ 可是它的弓力依然不减,拉起它,就好像听到了西域奔
　　　　　　　　　　（转折）
腾的马蹄声……〈3〉。

📖 例◎中〈1〉和〈2〉〈3〉为第一个层次,是并列复句;〈2〉与〈3〉为第二个层次,是转折关系。

① 我看到过不少人画的虾,有的人直接仿白石老人〈1〉,│ 也有的人另辟蹊
　　　　　　　　　　　　　　　　　　　　　　　　（并列）
径、独创一格〈2〉, ‖ 其中不乏栩栩如生乃至形神兼备者〈3〉。
　　　　　　　（递进）

📖 例①中〈1〉和〈2〉〈3〉为第一个层次,是并列复句;〈2〉与〈3〉为第二个层次,是递进关系。

② 艺术贵在创新〈1〉, ‖ 创新是一种必然〈2〉,│ 但未必创新就能产生杰
　　　　　　　　（递进）　　　　　　　　　（转折）
作〈3〉, ‖ 可杰作一定是诞生在创新里〈4〉。
　　　（转折）

📖 例②中〈1〉〈2〉和〈3〉〈4〉为第一个层次,是转折复句;〈1〉与〈2〉为第二个层次,是递进关系;〈3〉与〈4〉也为第二个层次,是转折关系。

二重复句的作用及划分方法

　　为了准确表达较深层的意思,常将几个分句以适当的关联方式说出,表现为复句套叠使用。分析二重复句时,第一,首先要明确话语的主要指向,分析出第一个

层次，在该分句前用"｜"划开，并分析分句之间的关系；然后，再找下一层次分句之间的界限，画上"‖"，并分析下一层次的分句之间的关系。其他多重复句也可照此方法进行分析。第二，在分析时，要注意用的是什么关联词语，如果没有关联词语，要分析分句间的意义关系，或看是否能加上合适的关联词语，从而判断分句间的关系。

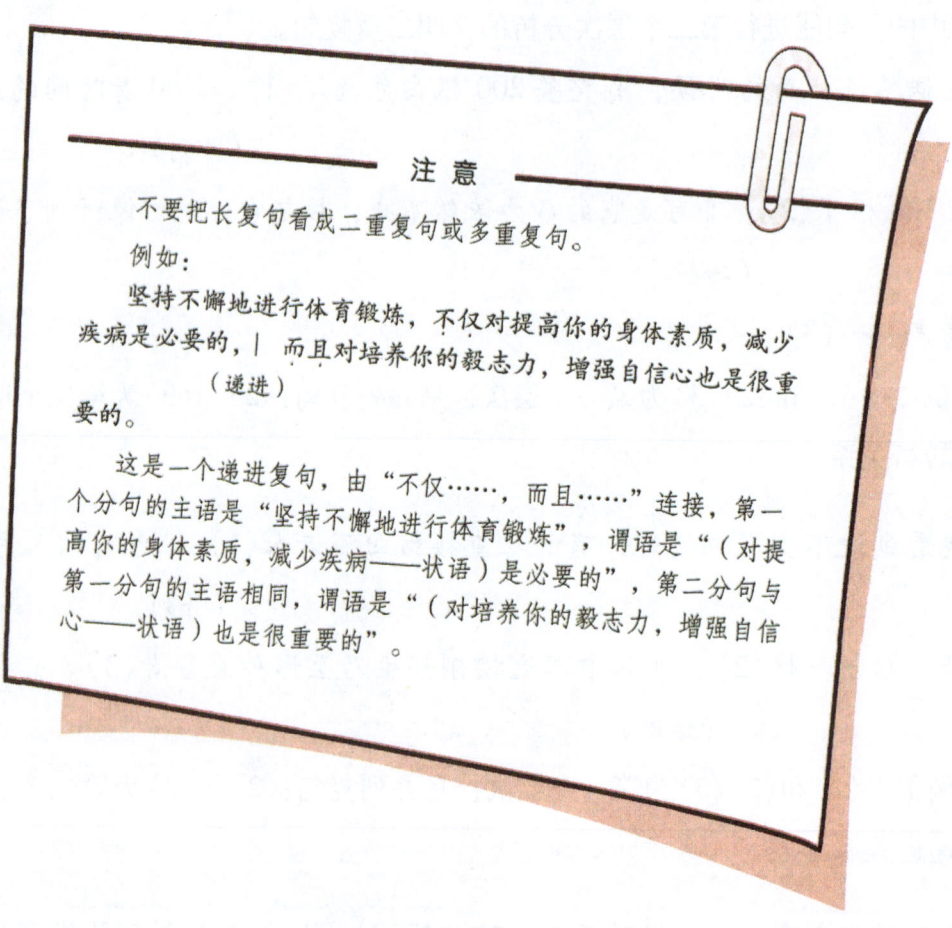

―― 注 意 ――

不要把长复句看成二重复句或多重复句。

例如：

坚持不懈地进行体育锻炼，不仅对提高你的身体素质，减少疾病是必要的，｜而且对培养你的毅志力，增强自信心也是很重要的。
（递进）

这是一个递进复句，由"不仅……，而且……"连接，第一个分句的主语是"坚持不懈地进行体育锻炼"，谓语是"（对提高你的身体素质，减少疾病——状语）是必要的"，第二分句与第一分句的主语相同，谓语是"（对培养你的毅志力，增强自信心——状语）也是很重要的"。

二 练习

（一）选择适当的关联词填空

如果　并　甚至　也　为了　都　那么　而

苦难并不意味着永远苦难，＿＿＿＿幸福也并不意味着永远幸福。人们最出色的工作往往是处于逆境时做出的，思想上的压力甚至肉体上的痛苦，＿＿＿＿可能成为精神上的兴奋剂。＿＿＿＿寻找理论依据，有人＿＿＿＿曾对一千位有钱人作了抽样调查，结果发现，他们大都出生在普通人的家庭，有一部分人的少年是在穷人区里度过的。生活有时真的像魔术，会变幻出令人难以置信的结果。

12 心灵关怀

苦难＿＿＿＿不可怕，身处逆境＿＿＿＿不可怕，可怕的是你没有认识到苦难本身蕴藏着无尽的机会。＿＿＿＿你认为它是一道减法题，那么答案你已经知道，它将减去你所有的一切，包括生命；如果你认为它是一道加法题，＿＿＿＿得出的结果可能就是一个无穷数。

(二) 模仿例句，用指定关联词完成句子

1. 你看这……，是……

    例：你看这京胡的琴弓，是产自中国西域新疆的汗血宝马的马尾汇集而成的。

    ① 你看这毛笔字写得多漂亮，是＿＿＿＿＿＿＿＿＿＿＿＿＿＿。
    ② 你看这饺子薄皮大馅，是＿＿＿＿＿＿＿＿＿＿＿＿＿＿＿＿。
    ③ ＿＿＿＿＿＿＿＿＿＿＿＿＿＿＿＿，是一般老北京人居住的地方。
    ④ 你看＿＿＿＿＿＿＿＿＿＿＿＿＿，＿＿＿＿＿＿＿＿＿＿＿。
    ⑤ A：你们广告宣传这种皮鞋如何如何好，真的有那么好吗？
       B：＿＿＿＿＿＿＿＿＿＿＿＿＿，＿＿＿＿＿＿＿＿＿＿＿。

2. ……，是因为……

    例：我把它送给你，是因为你不快乐。

    ① 我提前做完这些作业，是因为＿＿＿＿＿＿＿＿＿＿＿＿＿＿。
    ② 冬天快要到了，给这些小树包上稻草，是因为＿＿＿＿＿＿＿＿。
    ③ ＿＿＿＿＿＿＿＿＿，是因为我听说京剧是中国的国粹，而我从来没有看过。
    ④ 我把我的工作设想告诉了公司经理，＿＿＿＿＿＿＿＿＿＿＿＿。
    ⑤ A：你怎么提前回国了，你的课程都学完了吗？
       B：＿＿＿＿＿＿＿＿＿＿＿＿＿，＿＿＿＿＿＿＿＿＿＿＿。

(三) 按逻辑关系排列顺序

1. A. 说的是有那么一只鸟儿
   B. 它一生只唱一次
   C. 有一个传说
   D. 那歌声比世上所有生灵的歌声都更加优美动听

2. A. 即使被打碎了
   B. 碎片仍然藕断丝连地粘在一起
   C. 受到猛击仍完整无损
   D. 夹丝玻璃非常坚硬

3. A. 它还是只鸡
   B. 大家发现它长得与众不同,
   C. 可它却认为自己只是长相特别罢了
   D. 生活在鸡窝里的鹰一天天长大了

4. A. 而忽略了一般的事
   B. 例如去注意飞机失事
   C. 往往会记得不寻常的事
   D. 却不注意每天全世界有四千多次飞机安全起降
   E. 思维能力是个奇怪的东西

5. A. 现在正在家静养
   B. 朋友打来电话
   C. 放下电话,我就急忙往她那边赶去
   D. 没等我开口,就告诉我她前一段日子出了车祸
   E. 然后问我有没有时间去看看她

修辞提示与练习

 **夸张**

　　为了表达上的需要,故意地言过其实,对客观的人或事物尽力做扩大或缩小的描述。其修辞效果主要在于使表达的人或事物鲜明突出。夸张包括扩大夸张、缩小夸张和超前夸张三种。

心灵关怀 12

（一）扩大夸张

故意把事物往大、高、多、重、强等方面说，言过其实。

◎ 不要紧。是我的胳膊有问题。它已经扎了太多的针，像鞋底子，到处都是窟窿了。

① 他知道单靠勤奋工作，即使做到脊骨折断也是不能翻身的。

② 他讲的那个笑话能让人笑破肚皮。

③ 那样好听的故事听一辈子也听不够。

（二）缩小夸张

故意把事物往低、小、短、少、轻、弱等方面说，言过其实。

◎ 老人落叶般地飘浮在白色的被单上面，因为怕冷，斜盖着一角被子。

④ 我从乡下跑到京城里，一转眼已经六年了。

⑤ 一个浑身黑色的人，站在老栓面前，眼光正像两把刀，刺得老栓缩小了一半。

（三）超前夸张

故意把本来后出现的事物说成是先出现的，或者是同时出现的。

⑥ "你什么时候学会抽烟的？" "在娘肚子里我就会抽两口了！"

⑦ 他酒还没有喝到口里，心里早已经热起来了。

夸张的作用

通过故意言过其实，能够强调和突出事物某一方面的特征，表达说话者强烈的爱憎好恶的感情，给人以深刻的印象，如例⑦；还能丰富读者的想象，便于揭示事物的本质；如例①②以及缩小夸张项目下的◎（课文例句）。

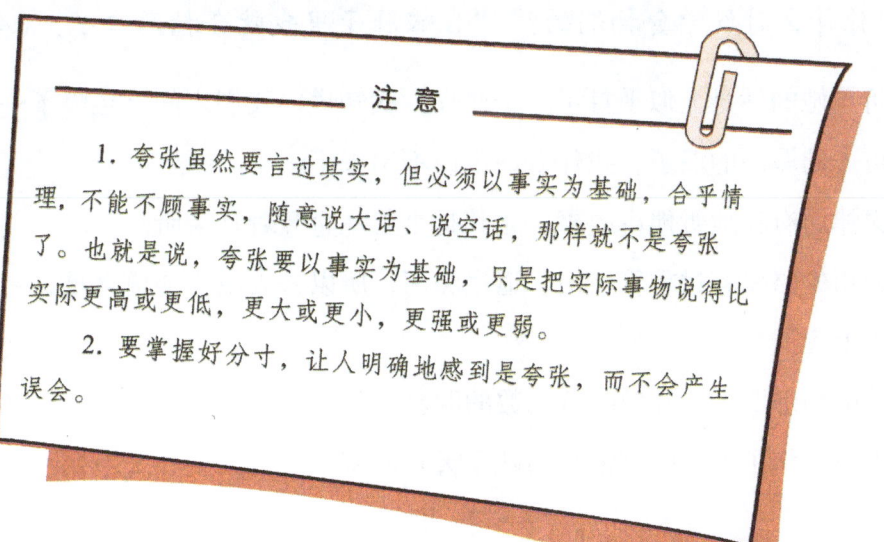

注意

1. 夸张虽然要言过其实，但必须以事实为基础，合乎情理，不能不顾事实，随意说大话、说空话，那样就不是夸张了。也就是说，夸张要以事实为基础，只是把实际事物说得比实际更高或更低，更大或更小，更强或更弱。

2. 要掌握好分寸，让人明确地感到是夸张，而不会产生误会。

 练习

(一) 指出下列句中用的是哪种夸张，扩大、缩小还是超前

例：他讲的那个笑话能让人笑破肚皮。（扩大夸张）

1. 他们走在路上，眼前仿佛出现了这样的景象：房间里暖烘烘的，锅里煮着热热的锅烧羊肉，甚至已经闻到了肉香。（　　　）

2. 他每一天每一点钟都要换一套衣服。人们提到他的时候总是说："皇上在更衣室里。"（　　　）

3. 会议室里静得连一根针落地都听得到。（　　　）

4. 在马上你用不着离鞍，只要一伸手就可以捧到满怀你最心爱的鲜花。（　　　）

5. 农民们都说："看见这样鲜绿的苗，就能嗅出白面包子的香味来了。"（　　　）

6. 他总是那么忙，忙得连擦擦眼镜片的尘土的时间都没有。（　　　）

7. 人们有时候会遇到这样的情况，两人才见面，却好像几辈子以前就认识似的。（　　　）

(二) 指出下列句中分别使用了哪种修辞手法，比喻、拟人还是夸张

例："你什么时候学会抽烟的？""在娘肚子里我就会抽两口了！（夸张）

1. 我听了她的话身上似乎打了一个寒噤，我知道，我们之间已经隔了一层可悲的厚厚的墙了，我什么话也说不出来了。（　　　）

2. 大家津津有味地听他讲故事，尤其是小弟一直竖着耳朵听。（　　　）

3. 进四川的路要跨过重重大山、道道深河，所以古人说，蜀道之难，难于上青天。（　　　）

4. 远远的街灯明了，好像闪着无数的明星。（　　　）

5. 在太空工作了多年的宇宙空间站今天要回家了。（　　　）

表达与写作

● 表达训练

1. 面对人生道路上的困难，你认为正确的态度是什么？
2. 在别人有困难需要帮助时，你认为什么是最有效的帮助？
3. 你参加过社会公益活动吗？这种社会公益活动的意义是什么？

● 写作训练

试从以下选题中任选其一作文，题目自拟。

字数：不少于400字；

要求：尽量参考并尝试使用课文里的重点词语。

第一题

谈谈你读课文《汗血马尾》后的感想。

第二题

简单介绍一下你所知道的临终关怀医院或者社会福利院、养老院的情况。

扩展空间

名家典藏

《预约死亡》毕淑敏

《生命的留言〈死亡日记〉》陆幼青

媒体资源

http：//www.oklink.net　（白鹿书院）

电影《丛飞》

词语追踪

临终关怀

安乐死

词语索引

A

爱慕	àimù	（动）	11
谙	ān	（动）	10
盎然	àngrán	（形）	10

B

拜拜	báibái	（动）	8
百分点	bǎifēndiǎn	（名）	8
伴生	bànshēng	（动）	7
伴奏	bànzòu	（动）	12
报答	bàodá	（动）	9
悲剧	bēijù	（名）	7
悲壮	bēizhuàng	（形）	8
奔驰	bēnchí	（动）	12
奔腾	bēnténg	（动）	12
本性	běnxìng	（名）	8
崩塌	bēngtā	（动）	7
蹦	bèng	（动）	10
必将	bìjiāng	（副）	8
毕生	bìshēng	（名）	10
庇护	bìhù	（动）	7
碧波	bìbō	（名）	7
边缘	biānyuán	（名）	7
变更	biàngēng	（动）	10
遍地	biàndì	（副）	7
柄	bǐng	（量）	12
摒弃	bìngqì	（动）	11
波动	bōdòng	（动）	10
不得已	bùdéyǐ	（形）	9
不朽	bùxiǔ	（动）	10

C

才识	cáishí	（名）	11
参与	cānyù	（动）	8
残破	cánpò	（形）	9
惨烈	cǎnliè	（形）	9
操	cāo	（动）	12
产物	chǎnwù	（名）	11
巢	cháo	（名）	9
成家	chéngjiā		8
呈	chéng	（动）	12
诚然	chéngrán	（连）	9
承受	chéngshòu	（动）	8
程式	chéngshì	（名）	10
充	chōng	（动）	10
充血	chōngxuè	（动）	12
瞅	chǒu	（动）	9
出神	chū shén		9
出世	chūshì	（动）	9
出征	chūzhēng	（动）	12
处世	chǔshì	（动）	10
储备	chǔbèi	（动）	11
喘	chuǎn	（动）	12
床铺	chuángpù	（名）	12
垂死	chuísǐ		12
纯情	chúnqíng	（形）	11
纯真	chúnzhēn	（形）	10

213

慈爱	cí'ài	（形）	9
粗钝	cūdùn	（形）	12
翠绿	cuìlǜ	（形）	9

D

耷拉	dāla	（动）	12
大节	dàjié	（名）	10
担当	dāndāng	（动）	8
当今	dāngjīn	（名）	11
荡漾	dàngyàng	（动）	7
堤	dī	（名）	7
巅峰	diānfēng	（名）	8
碟子	diézi	（名）	10
独到	dúdào	（形）	11
断裂	duànliè	（动）	12
对劲	duìjìnr	（形）	9

F

繁华	fánhuá	（形）	7
繁茂	fánmào	（形）	9
方才	fāngcái	（副）	9
飞禽	fēiqín	（名）	7
飞翔	fēixiáng	（动）	9
非凡	fēifán	（形）	9
废弃	fèiqì	（动）	7
丰满	fēngmǎn	（形）	9
丰盈	fēngyíng	（形）	7
拂	fú	（动）	12
付出	fùchū	（动）	8
复仇	fù chóu	（动）	9
腹地	fùdì	（名）	7

G

干瘪	gānbiě	（形）	12
干涸	gānhé	（形）	7
干枯	gānkū	（形）	7
刚健	gāngjiàn	（形）	10
高超	gāochāo	（形）	9
高粱杆	gāolianggǎnr	（名）	9
高雅	gāoyǎ	（形）	10
告白	gàobái	（名）	10
戈壁滩	gēbìtān	（名）	7
功利	gōnglì	（名）	11
共鸣	gòngmíng	（名）	10
骨髓	gǔsuǐ	（名）	12
固有	gùyǒu	（形）	11
顾不得	gù bu de		12
惯性	guànxìng	（名）	11
瑰宝	guībǎo	（名）	10
诡谲	guǐjué	（形）	12
过问	guòwèn	（动）	10

H

好转	hǎozhuǎn	（动）	7
号称	hàochēng	（动）	7
呵护	hēhù	（动）	9
合拢	hé lǒng		7
和蔼	hé'ǎi	（形）	8
和煦	héxù	（形）	7
胡乱	húluàn	（副）	9
滑坡	huápō	（动）	8
画面	huàmiàn	（名）	10
欢笑	huānxiào	（动）	12

词语索引

欢愉	huānyú	（形）	7
荒凉	huāngliáng	（形）	7
诙谐	huīxié	（形）	10
回归	huíguī	（动）	8
汇	huì	（动）	7
汇集	huìjí	（动）	12
绘画	huìhuà	（动）	10
婚恋观	hūnliànguān	（名）	11
活计	huójì	（名）	9

J

激荡	jīdàng	（动）	8
激励	jīlì	（动）	10
极	jí	（副）	8
急剧	jíjù	（形）	7
加深	jiāshēn	（动）	10
加之	jiāzhī	（连）	11
夹缝	jiāfèng	（名）	7
佳话	jiāhuà	（名）	10
枷锁	jiāsuǒ	（名）	8
坚韧	jiānrèn	（形）	12
捡	jiǎn	（动）	12
僵化	jiānghuà	（动）	10
讲述	jiǎngshù	（动）	9
骄人	jiāorén	（形）	8
焦虑	jiāolǜ	（形）	9
叫唤	jiàohuan	（动）	9
截然	jiérán	（副）	11
介入	jièrù	（动）	7
金黄	jīnhuáng	（形）	7
尽量	jǐnliàng	（副）	8
禁锢	jìngù	（动）	8
惊异	jīngyì	（形）	7
精粹	jīngcuì	（名）	10
精灵	jīnglíng	（名）	12
径直	jìngzhí	（副）	12
境界	jìngjiè	（名）	10
拘谨	jūjǐn	（形）	12
局限	júxiàn	（动）	10
眷念	juànniàn	（动）	10
抉择	juézé	（动）	8
掘	jué	（动）	7

K

开采	kāicǎi	（动）	7
开阔	kāikuò	（形）	10
开朗	kāilǎng	（形）	10
恪守	kèshǒu	（动）	10
空缺	kòngquē	（名）	11
枯柴	kūchái	（名）	12
枯萎	kūwěi	（形）	12
枯燥	kūzào	（形）	12
窟窿	kūlong	（名）	12
矿藏	kuàngcáng	（名）	7
窥见	kuījiàn	（动）	10
困惑	kùnhuò	（形）	8
扩展	kuòzhǎn	（动）	7

L

浪潮	làngcháo	（名）	8
泪痕	lèihén	（名）	12
立方米	lìfāngmǐ	（量）	7
恋人	liànrén	（名）	11

215

裂缝	lièfèng	(名)	11
临别	línbié	(动)	11
临门	línmén	(动)	9
临终	línzhōng	(动)	12
嶙峋	línxún	(形)	12
灵动	língdòng	(形)	12
流逝	liúshì	(动)	12
裸露	luǒlù	(动)	7

M

麻	má	(形)	12
马戏团	mǎxìtuán	(名)	9
蛮	mán	(副)	11
茂密	màomì	(形)	7
枚	méi	(量)	10
美满	měimǎn	(形)	11
美妙	měimiào	(形)	12
美谈	měitán	(名)	11
魅力	mèilì	(名)	8
门槛	ménkǎnr	(名)	9
猛	měng	(副)	12
秘诀	mìjué	(名)	10
描述	miáoshù	(动)	9
名贵	míngguì	(形)	12
名义	míngyì	(名)	11
明媚	míngmèi	(形)	9
摸索	mōsuǒ	(动)	10
模式	móshì	(名)	8
谋生	móushēng	(动)	10
母性	mǔxìng	(名)	11
木乃伊	mùnǎiyī	(名)	7
牧场	mùchǎng	(名)	7

N

呐喊	nàhǎn	(动)	8
乃	nǎi	(副)	10
内心	nèixīn	(名)	8

P

盘旋	pánxuán	(动)	9
抛弃	pāoqì	(动)	10
飘逸	piāoyì	(形)	12
频繁	pínfán	(形)	9
评剧	píngjù	(名)	10
颇	pō	(副)	8
扑棱	pūleng	(动)	9
扑面	pūmiàn	(动)	12
铺垫	pūdiàn	(动)	11

Q

栖息地	qīxīdì	(名)	7
期望	qīwàng	(动)	8
奇妙	qímiào	(形)	10
气质	qìzhì	(名)	10
契合点	qìhé diǎn		12
千金	qiānjīn	(名)	11
前卫	qiánwèi	(形)	11
潜意识	qiányìshi	(名)	8
强加	qiángjiā	(动)	11
悄然	qiǎorán	(形)	10
怯意	qièyì	(名)	9
亲身	qīnshēn	(副)	9
青春痘	qīngchūndòu	(名)	11
轻浮	qīngfú	(形)	11

词语索引

轻微	qīngwēi	（形）	12
倾诉	qīngsù	（动）	12
清新	qīngxīn	（形）	10
情节	qíngjié	（名）	9
情形	qíngxing	（名）	11
趋向	qūxiàng	（名/动）	8
趋于	qūyú	（动）	8
全然	quánrán	（副）	12
群体	qúntǐ	（名）	8

R

染	rǎn	（动）	12
人生观	rénshēngguān	（名）	11
人为	rénwéi	（形）	7
认同	rèntóng	（动）	8
柔软	róuruǎn	（形）	12
柔弱	róuruò	（形）	12
如意	rú yì		8
乳名	rǔmíng	（名）	10
锐减	ruìjiǎn	（动）	7

S

散发	sànfā	（动）	9
扫除	sǎochú	（动）	10
善良	shànliáng	（形）	10
深情	shēnqíng	（名）	10
审美	shěnměi	（动）	10
审视	shěnshì	（动）	10
升迁	shēngqiān	（动）	8
生机	shēngjī	（名）	7
生灵	shēnglíng	（名）	9
牲畜	shēngchù	（名）	7
盛誉	shèngyù	（名）	10
事业心	shìyèxīn	（名）	8
视野	shìyě	（名）	12
拭	shì	（动）	12
收回	shōu huí		9
竖	shù	（动）	12
率直	shuàizhí	（形）	10
顺从	shùncóng	（动）	12
私下	sīxià	（副）	11
嘶哑	sīyǎ	（形）	9
俗话说	súhuà shuō		11
素来	sùlái	（副）	9
琐事	suǒshì	（名）	10

T

谈吐	tántǔ	（名）	11
谈兴	tánxìng	（名）	12
探讨	tàntǎo	（动）	11
倘	tǎng	（连）	11
特异性	tèyìxìng	（名）	11
提升	tíshēng	（动）	10
体谅	tǐliàng	（动）	8
天花板	tiānhuābǎn	（名）	12
填补	tiánbǔ	（动）	11
贴切	tiēqiè	（形）	11
挺拔	tǐngbá	（形）	12
同期	tóngqī	（名）	10
痛楚	tòngchǔ	（形）	12
投缘	tóuyuán	（形）	11
吞噬	tūnshì	（动）	7

W

外表	wàibiǎo	（名）	8
玩耍	wánshuǎ	（动）	7
宛如	wǎnrú	（动）	10
晚年	wǎnnián	（名）	10
往事	wǎngshì	（名）	9
温馨	wēnxīn	（形）	10
问津	wènjīn	（动）	10
屋檐	wūyán	（名）	9
无从	wúcóng	（副）	9
无异	wúyì	（动）	7
无垠	wúyín	（动）	7

X

嬉戏	xīxì	（动）	9
喜鹊	xǐquè	（名）	9
下肢	xiàzhī	（名）	12
掀起	xiānqǐ	（动）	8
衔	xián	（动）	9
相处	xiāngchǔ	（动）	11
相关	xiāngguān	（动）	10
相应	xiāngyìng	（动）	8
享年	xiǎngnián	（名）	10
小看	xiǎokàn	（动）	12
效应	xiàoyìng	（名）	8
心态	xīntài	（名）	8
新近	xīnjìn	（副）	8
新颖	xīnyǐng	（形）	11
形成	xíngchéng	（动）	11
性情	xìngqíng	（名）	8
胸襟	xiōngjīn	（名）	10

胸膛	xiōngtáng	（名）	7
虚荣	xūróng	（名）	11
学生会	xuéshēnghuì	（名）	11
学业	xuéyè	（名）	11
寻常	xúncháng	（形）	9

Y

压痕	yāhén	（名）	9
压抑	yāyì	（动）	8
延伸	yánshēn	（动）	7
言中	yán zhòng		9
炎热	yánrè	（形）	9
掩埋	yǎnmái	（动）	7
演奏	yǎnzòu	（动）	12
仰面	yǎngmiàn	（动）	12
养育	yǎngyù	（动）	7
遥控	yáokòng	（动）	12
野生	yěshēng	（形）	7
野心	yěxīn	（名）	9
一溜烟	yíliùyānr	（副）	9
一致	yízhì	（形）	11
衣着	yīzhuó	（名）	11
倚	yǐ	（动）	12
亦	yì	（副）	8
鹦鹉	yīngwǔ	（名）	9
盈盈	yíngyíng	（形）	7
拥有	yōngyǒu	（动）	11
永恒	yǒnghéng	（形）	12
忧郁	yōuyù	（形）	12
游移	yóuyí	（动）	11
淤血	yūxuè	（名）	12
遇难	yù nàn		7

词语索引

怨恨	yuànhèn	（动）	8
约定	yuēdìng	（动）	11
蕴藏	yùncáng	（动）	12

Z

早年	zǎonián	（名）	10
择偶	zé'ǒu	（动）	11
增添	zēngtiān	（动）	7
喳	zhā	（象声）	9
展现	zhǎnxiàn	（动）	11
兆头	zhàotou	（名）	9
真率	zhēnshuài	（形）	10
振作	zhènzuò	（动）	12
震动	zhèndòng	（动）	12
职位	zhíwèi	（名）	8
至上	zhìshàng	（形）	11
质朴	zhìpǔ	（形）	10
致使	zhìshǐ	（动/连）	8
置身	zhìshēn	（动）	7
仲夏	zhòngxià	（名）	9
竹签子	zhúqiānzi	（名）	12
锥	zhuī	（动）	12
茁壮	zhuózhuàng	（形）	7
啄	zhuó	（动）	9
滋润	zīrùn	（动）	7
总算	zǒngsuàn	（副）	12

四字词语

A
爱憎分明	ài zēng fēnmíng	10

B
比比皆是	bǐbǐ jiē shì	11
不一而足	bù yī ér zú	11

C
沧海桑田	cāng hǎi sāng tián	7
曾几何时	céng jǐ hé shí	8

D
大千世界	dàqiān shìjiè	10
东张西望	dōng zhāng xī wàng	9
抖抖索索	dǒudǒusuǒsuǒ	12

F
返璞归真	fǎn pú guī zhēn	10
风平浪静	fēng píng làng jìng	12
风土人情	fēngtǔ rénqíng	10

G
各奔东西	gè bèn dōng xī	11
鳏寡孤独	guān guǎ gū dú	12

H
毫不讳言	háo bú huìyán	10
好景不长	hǎojǐng bù cháng	11
浑然一体	húnrán yìtǐ	7

J
家喻户晓	jiā yù hù xiǎo	10
江河湖海	jiāng hé hú hǎi	12
津津乐道	jīnjīn lè dào	11

K
空中楼阁	kōng zhōng lóu gé	9

L
理直气壮	lǐ zhí qì zhuàng	8
恋恋不舍	liànliàn bù shě	9
两全其美	liǎng quán qí měi	11
庐山真面目	Lú Shān zhēn miànmù	9

M
绵延不绝	miányán bù jué	7

N
男才女貌	nán cái nǚ mào	11

词语索引

| 难舍难分 | nán shě nán fēn | 11 |
| 年轻有为 | niánqīng yǒuwéi | 8 |

Q

其貌不扬	qí mào bù yáng	11
奇形怪状	qí xíng guài zhuàng	7
前所未有	qián suǒ wèi yǒu	8
勤工俭学	qín gōng jiǎn xué	11
青筋暴跳	qīngjīn bàotiào	12

R

| 饶有兴趣 | ráo yǒu xìngqù | 7 |
| 若隐若现 | ruò yǐn ruò xiàn | 9 |

S

| 三山五岳 | sān shān wǔ yuè | 12 |
| 舐犊情深 | shì dú qíng shēn | 10 |

W

婉言谢绝	wǎnyán xièjué	8
为人所知	wéi rén suǒ zhī	7
唯利是图	wéi lì shì tú	10
唯唯诺诺	wěiwěinuònuò	8

X

贤妻良母	xián qī liáng mǔ	8
相差无几	xiāng chā wújǐ	9
小心翼翼	xiǎoxīn yìyì	12
新新人类	xīnxīn rénlèi	11
信誓旦旦	xìn shì dàndàn	11
兴致勃勃	xìngzhì bóbó	12

Y

一草一木	yì cǎo yí mù	10
一望无际	yí wàng wú jì	7
意想不到	yìxiǎng bú dào	12
羽毛未丰	yǔmáo wèi fēng	9

Z

瞻前顾后	zhān qián gù hòu	8
崭露头角	zhǎn lù tóujiǎo	11
真心实意	zhēnxīn shí yì	11
争先恐后	zhēng xiān kǒng hòu	9
孜孜以求	zīzī yǐ qiú	11
自由自在	zìyóu zìzài	9
左邻右舍	zuǒ lín yòu shè	9

专有名词

B

| 巴音郭楞 | Bāyīnguōléng | 7 |

C

| 程砚秋 | Chéng Yànqiū | 10 |

H

| 湖南 | Húnán | 10 |

O

| 欧阳 | Ōuyáng | 8 |

P

| 彭家木 | Péng Jiāmù | 7 |

X

| 湘潭县 | Xiāngtán Xiàn | 10 |
| 新凤霞 | Xīn Fèngxiá | 10 |

Y

| 阳关 | Yáng Guān | 7 |
| 余纯顺 | Yú Chúnshùn | 7 |

Z

| 张骞 | Zhāng Qiān | 7 |
| 周总理 | Zhōu zǒnglǐ | 10 |

版权声明

《成功之路》是一套对外汉语教材，其中《提高篇》、《跨越篇》、《冲刺篇》、《成功篇》的课文是在真实文本的基础上改写而成的。由于时间、地域等多方面的原因，我们在无法与权利人取得联系的情况下使用了有关作者的作品，同时因教学需要，对作品进行了一些改动。尽管我们力求忠实于原作品，但仍可能使作品失去一些原有的光彩。对此，我们深表歉意并衷心希望得到权利人的理解和支持。另外，有些作品由于无法了解作者的信息，未署作者的姓名，请权利人谅解。

为尊重作者的著作权，现特别委托北京版权代理有限责任公司向权利人转付本套书中部分文字的稿酬。请相关著作权人直接与北京版权代理有限责任公司取得联系并领取稿酬。领取稿酬时请提供相关资料：本人身份证明；作者身份证明。

联系方式如下：

北京版权代理有限责任公司

联系人：吴文波、方芳

地　　址：北京海淀区知春路23号量子银座1403室

邮　　编：100083

电　　话：(010) 82357056 (57/58) －230/229

传　　真：(010) 82357055

编者
2008年8月

中国文化百题
A Kaleidoscope of Chinese Culture

纵横古今,中华文明历历在目　享誉中外,东方魅力层层绽放
Unfold the splendid and fascinating Chinese civilization

了解中国的窗口
A window to China

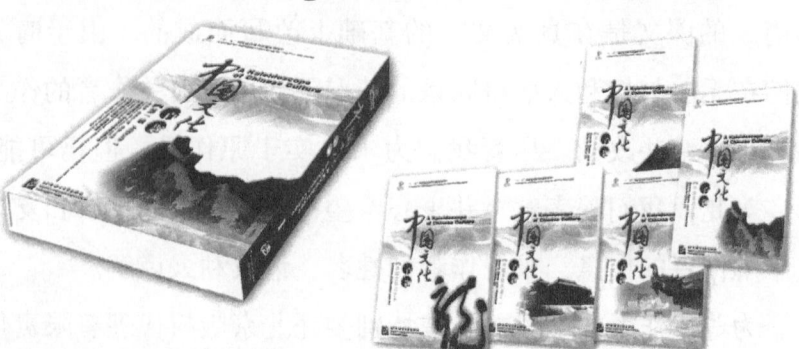

- 大量翔实的高清影视资料,展现中国文化的魅力。既是全面了解中国文化的影视精品,又是汉语教学的文化视听精品教材。
- 涵盖了中国最典型的200个文化点,包括中国的名胜古迹、中国各地、中国的地下宝藏、中国的名山大川、中国的民族、中国的美食、中国的节日、中国的传统美德、中国人的生活、儒家、佛教与道教、中国的风俗、中国的历史、中医中药、中国的文明与艺术、中国的著作、中国的人物、中国的故事等18个方面。
- 简洁易懂的语言,展示了每个文化点的精髓。
- 共四辑,每辑50个文化点,每个文化点3分钟。有四种字幕解说,可灵活选择使用。已出版英语、德语、韩语、日语、俄语五个注释文种,其他文种将陆续出版。

目 录 Contents

第一辑 Album 1

中国各地之一
Places in China I

第1盘 DVD 1
- ■ 中国概况　■ 北京　■ 上海　■ 天津　■ 重庆
- ■ 山东省　■ 新疆维吾尔自治区　■ 西藏自治区
- ■ 香港特别行政区　■ 澳门特别行政区

中国名胜古迹之一
Scenic Spots and Historical Sites in China I

第2盘 DVD 2
- ■ 长城　■ 颐和园　■ 避暑山庄　■ 明十三陵　■ 少林寺
- ■ 苏州古典园林　■ 山西平遥古城　■ 丽江古城　■ 桂林漓江
- ■ 河姆渡遗址

第3盘 DVD 3
- ■ 黄河　■ 泰山　■ 故宫　■ 周口店北京猿人遗址　■ 长江
- ■ 龙门石窟　■ 黄山　■ 九寨沟　■ 张家界　■ 庐山

第4盘 DVD 4
- ■ 秦始皇兵马俑　■ 马王堆汉墓　■ 殷墟
- ■ 殷墟的墓葬　■ 殷墟的甲骨文　■ 曾侯乙编钟
- ■ 法门寺地宫　■ 三星堆遗址　■ 古蜀金沙　■ 马踏飞燕

中国文明与艺术之一
Chinese Civilization and Art I

第5盘 DVD 5
- ■ 书法艺术　■ 中国画　■ 年画　■ 剪纸
- ■ 中国丝绸　■ 刺绣　■ 旗袍　■ 瓷器
- ■ 中医的理论基础——阴阳五行　■ 针灸

英文版第一、二、三辑已经出版,第四辑将于2011年出版。
The first three albums of the English edition have been published. The fourth album will be published in 2011.

第二辑 Album 2

中国名胜古迹之二
Scenic Spots and Historical Sites in China II

第1盘 DVD 1
- 天坛　■ 布达拉宫　■ 孔庙、孔府、孔林　■ 敦煌莫高窟　■ 云冈石窟
- 乐山大佛　■ 长白山　■ 华山　■ 武夷山　■ 皖南古村落——西递、宏村

中国的民族
Chinese Nationalities

第2盘 DVD 2
- 多民族的国家　■ 汉族、满族　■ 瑶族、纳西族　■ 侗族、朝鲜族
- 苗族、彝族　■ 蒙古族、壮族　■ 白族、傣族
- 回族、维吾尔族、哈萨克族　■ 民族服饰　■ 民族歌舞

中国文明与艺术之二
Chinese Civilization and Art II

第3盘 DVD 3
- 龙　■ 中国的城门　■ 中国的牌楼　■ 中国的祭坛　■ 北京的胡同
- 北京四合院　■ 中国的白酒　■ 各地小吃　■ 北京烤鸭　■ 中国的面食

第4盘 DVD 4
- 神奇的汉字　■ 茶　■ 中国功夫　■ 中国的玉器　■ 京剧
- 中国民乐　■ 风筝　■ 民间面塑　■ 民间泥塑　■ 民间皮影

中国的宗教与思想
Chinese Religions and Ideology

第5盘 DVD 5
- 儒家思想　■ 中国的佛教　■ 道教与神仙　■ 宗教建筑
- 孔子和儒家思想　■ 老子和道家思想
- 佛教名山——峨眉山　■ 佛教名山——五台山
- 道教名山——武当山　■ 道教名山——崂山

第四辑 即将出版！

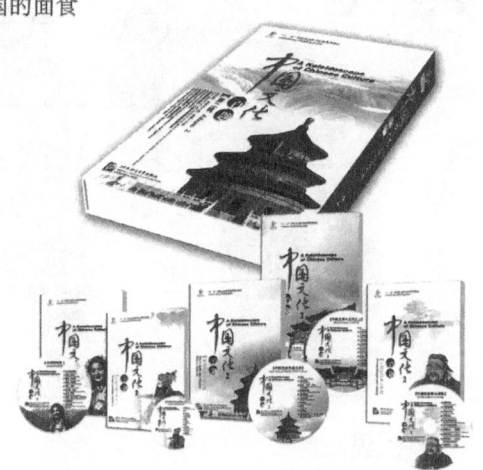

第三辑 Album 3

中国各地之二
Places in China II

第1盘 DVD 1
- 黑龙江省　■ 河北省　■ 江苏省　■ 浙江省　■ 四川省　■ 安徽省
- 云南省　■ 福建省　■ 广东省　■ 贵州省、海南省　■ 广西壮族自治区、台湾省

中国各地之三
Places in China III

第2盘 DVD 2
- 吉林省　■ 辽宁省　■ 山西省　■ 陕西省　■ 甘肃省、宁夏回族自治区
- 青海省　■ 内蒙古自治区　■ 湖北省　■ 湖南省　■ 河南省　■ 江西省

中国人物之一
People in China I

第3盘 DVD 3
- 黄帝　■ 尧舜　■ 秦始皇　■ 屈原　■ 司马迁
- 张仲景　■ 张衡　■ 蔡伦　■ 毕昇　■ 李时珍

每辑：5张DVD + 5册图书 + 精美书签50枚
定价：￥980.00 / 辑
Each album: 5 DVDs + 5 books + 50 beautiful bookmarks
Price: ￥980.00/album

中国现代建筑大观
Modern Architectures in China

第4盘 DVD 4
- 鸟巢　■ 青藏铁路　■ 国家大剧院　■ 首都机场3号航站楼
- 浦东新高度　■ 长江三峡工程　■ 杭州湾跨海大桥　■ 上海外滩

中国文明与艺术之三
Chinese Civilization and Art III

第5盘 DVD 5
- 中国菜（上）　■ 中国菜（下）　■ 筷子　■ 扇子　■ 太极拳
- 杂技　■ 把脉、推拿、拔火罐、刮痧　■ 中药　■ 篆刻　■《论语》

成功之路
Road To Success

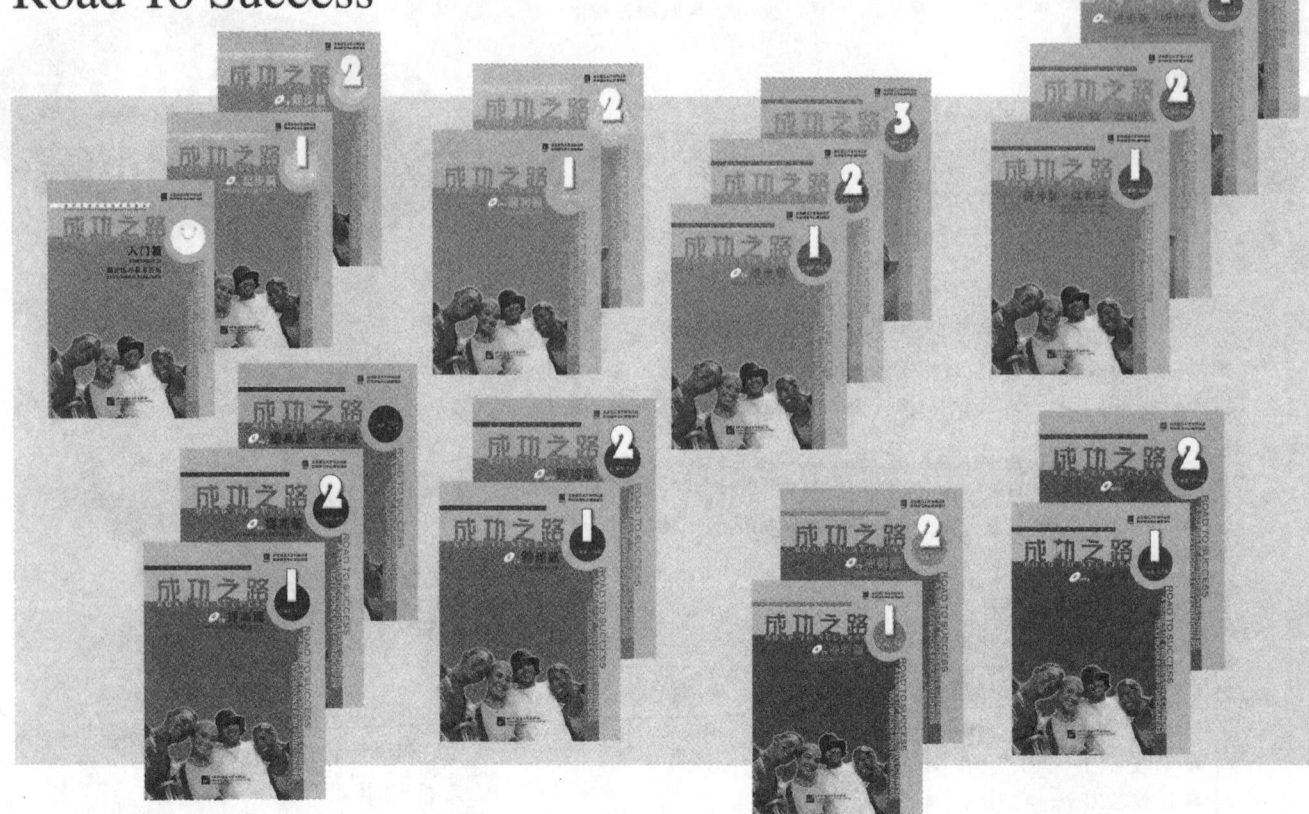

初 级

- 入门篇
  ISBN 978-7-5619-2161-6
  定价：32.00
  （附1CD+听力文本）

- 起步篇1
  ISBN 978-7-5619-2162-3
  定价：48.00
  （附1CD+听力文本+练习活页）

- 起步篇2
  ISBN 978-7-5619-2182-1
  定价：58.00
  （附1CD+听力文本+练习活页）

- 顺利篇1
  ISBN 978-7-5619-2178-4
  定价：68.00
  （附1MP3+听力文本及练习答案+练习活页）

- 顺利篇2
  ISBN 978-7-5619-2190-6
  定价：68.00
  （附1MP3+听力文本及练习答案+练习活页）

- 进步篇1
  ISBN 978-7-5619-2175-3
  定价：52.00
  （附1CD+听力文本及参考答案）

- 进步篇2
  ISBN 978-7-5619-2209-5
  定价：52.00
  （附1CD+听力文本及参考答案）

- 进步篇3
  ISBN 978-7-5619-2386-3
  定价：52.00
  （附1MP3+听力文本及参考答案）

- 进步篇 听和说1
  ISBN 978-7-5619-2176-0
  定价：76.00
  （附1MP3+听力文本）

- 进步篇 听和说2
  ISBN 978-7-5619-2208-8
  定价：68.00
  （附1MP3+听力文本）

- 进步篇 读和写1
  ISBN 978-7-5619-2172-2
  定价：52.00
  （附练习答案）

- 进步篇 读和写2
  ISBN 978-7-5619-2189-0
  定价：52.00
  （附练习答案）

中 级

- 提高篇1
  ISBN 978-7-5619-2174-6
  定价：45.00
  （附1CD+练习答案）

- 提高篇2
  ISBN 978-7-5619-2207-1
  定价：45.00
  （附1CD+练习答案）

- 提高篇 听和说
  ISBN 978-7-5619-3573-6
  定价：58.00
  （附1MP3+听力文本及练习参考答案）

- 跨越篇1
  ISBN 978-7-5619-2173-9
  定价：45.00
  （附1CD+练习答案）

- 跨越篇2
  ISBN 978-7-5619-2206-4
  定价：48.00
  （附1MP3+练习答案）

- 跨越篇 听和说
  （即将出版）

高 级

- 冲刺篇1
  ISBN 978-7-5619-2170-8
  定价：58.00
  （附1CD+练习答案）

- 冲刺篇2
  ISBN 978-7-5619-2248-4
  定价：58.00
  （附1CD+练习答案）

- 成功篇1
  ISBN 978-7-5619-2177-7
  定价：65.00
  （附1MP3+练习答案）

- 成功篇2
  ISBN 978-7-5619-2253-8
  定价：65.00
  （附1MP3+练习答案）

"十二五"普通高等教育本科国家级规划教材
北京语言大学对外汉语教材研发中心规划项目

进阶式对外汉语系列教材
A SERIES OF PROGRESSIVE CHINESE TEXTBOOKS FOR FOREIGNERS

成功之路 2
ROAD TO SUCCESS

冲刺篇
LOWER ADVANCED

部分练习参考答案
KEY TO SOME EXERCISES

ROAD TO SUCCESS
A SERIES OF PROGRESSIVE CHINESE TEXTBOOKS FOR FOREIGNERS

北京语言大学出版社
BEIJING LANGUAGE AND CULTURE UNIVERSITY PRESS

7 治理沙化

背景阅读与练习

一、限时阅读，按要求回答问题

判断正误

1. √   2. √   3. ✕   4. ✕   5. √
6. ✕   7. √   8. ✕   9. √   10. ✕

选择正确答案

1. C   2. C   3. D   4. A   5. B

二、阅读后按逻辑关系排列顺序

BDCA

词语讲解与练习

四、练习

(二) 选择适当的词语填空

1. 急剧   2. 增添   3. 急速   4. 伴生
5. 共生   6. 开采   7. 增加   8. 开掘

(三) 选择适当的四字词语填空

1. 浑然一体   2. 绵延不绝   3. 一望无际
4. 奇形怪状   5. 为人所知   6. 沧海桑田

(四) 为四字词语选择适当的位置

1. B   2. D   3. C   4. C   5. B

(七) 下面每句话都画出了 ABCD 四个部分，请挑出有错误的部分

1. D   2. B   3. D   4. A   5. C

语法讲解与练习

二、练习

(一) 选择适当的关联词填空

1. 首先……，然后……   2. ……，这才……
3. 刚……，就……   4. ……，接着……
5. ……，于是……   6. ……，终于……
7. ……，继而……   8. ……，后来……

（三）按逻辑关系排列顺序
    1. BDCA   2. BDCA   3. DACB   4. EBDCA

8 女性话题

背景阅读与练习

一、限时阅读，按要求回答问题

判断正误
1. ✗   2. ✗   3. ✗   4. ✓   5. ✗
6. ✓   7. ✗   8. ✓   9. ✗   10. ✓

选择正确答案
1. D   2. A   3. D   4. C   5. C

二、阅读后按逻辑关系排列顺序
    BDCA

词语讲解与练习

四、练习

（二）选择适当的词语填空
    1. 极   2. 颇   3. 体贴   4. 亦   5. 必将
    6. 参与   7. 本性   8. 参加   9. 体谅   10. 性情
    11. 性格   12. 天性

（三）选择适当的四字词语填空
    1. 瞻前顾后   2. 前所未有   3. 婉言谢绝   4. 曾几何时
    5. 理直气壮   6. 年轻有为   7. 贤妻良母   8. 唯唯诺诺

（四）为四字词语选择适当的位置
    1. B   2. D   3. C   4. B   5. A   6. A

（七）下面每句话都画出了 ABCD 四个部分，请挑出有错误的部分
    1. A   2. A   3. B   4. C

语法讲解与练习

二、练习

（一）选择适当的一组关联词填空

    D

（三）按逻辑关系排列顺序

    1. BACD   2. CDAEB   3. DBCA/DCAB   4. BADCE

9 人与动物

背景阅读与练习

一、限时阅读，按要求回答问题

判断正误

1. √   2. ×   3. ×   4. ×   5. √

6. ×   7. ×   8. √   9. ×   10. √

选择正确答案

1. C   2. B   3. C   4. A   5. D

6. D   7. A   8. B   9. D   10. C

二、阅读后按逻辑关系排列顺序

    ACDB

词语讲解与练习

四、练习

（二）选择适当的词语填空

1. 高明   2. 回报   3. 火热   4. 报答

5. 出神   6. 炎热   7. 凝神   8. 高超

（三）选择适当的四字词语填空

1. 羽毛未丰   2. 若隐若现   3. 东张西望   4. 自由自在

5. 相差无几   6. 恋恋不舍   7. 左邻右舍   8. 争先恐后

（四）为四字词语选择适当的位置

1. B 　 2. D 　 3. C 　 4. C 　 5. C 　 6. D 　 7. B 　 8. C

（七）下面每句话都画出了 ABCD 四个部分，请挑出有错误的部分

1. C 　 2. D 　 3. C 　 4. D 　 5. C

语法讲解与练习

二、练习

（一）选择适当的一组关联词填空

1. B 　 2. D

（三）按逻辑关系排列顺序

1. BDAEC 　 2. DCAEB 　 3. CEDBA 　 4. EDBCA

5. CBDAE

10 国画大师

背景阅读与练习

一、限时阅读，按要求回答问题

判断正误

1. ✕ 　 2. ✓ 　 3. ✕ 　 4. ✕ 　 5. ✓

6. ✕ 　 7. ✓ 　 8. ✓ 　 9. ✕ 　 10. ✓

选择正确答案

1. D 　 2. A 　 3. C 　 4. A 　 5. D

6. B 　 7. B 　 8. C

二、阅读后按逻辑关系排列顺序

CBAD

词语讲解与练习

四、练习

（二）选择适当的词语填空

  1. 幽默 2. 摸索 3. 滑稽 4. 变更 5. 诙谐

  6. 变革 7. 激发 8. 寻找 9. 激励

（三）选择适当的四字词语填空

  1. 毫不讳言 2. 舐犊情深 3. 家喻户晓

  4. 爱憎分明 5. 风土人情 6. 返璞归真

  7. 大千世界 8. 唯利是图

（四）为四字词语选择适当的位置

  1. D 2. C 3. A 4. B 5. D 6. C 7. C

  8. C 9. C

（七）下面每句话都画出了 ABCD 四个部分，请挑出有错误的部分

  1. D 2. A 3. D 4. B 5. D

语法讲解与练习

二、练习

（一）选择适当的关联词填空

  1. 从而……，既……，又……

  2. 否则……，不仅……，更……

  3. 然而……，也……

（三）按逻辑关系排列顺序

  1. DCBA 2. DACB 3. EBCAD 4. CADEB

  5. BDCAE

修辞提示与练习

二、练习

（一）指出下列对偶句属于正对、反对还是串对

  1. 反对 2. 串对 3. 正对 4. 正对

5. 串对　　6. 反对

（二）试着把对偶语句补充完整

1. 天　　2. 声声，事　　3. 云　　4. 知心

11 学子访谈

背景阅读与练习

一、限时阅读，按要求回答问题

判断正误

1. √　2. √　3. ×　4. ×　5. √
6. ×　7. √　8. ×　9. ×　10. ×

选择正确答案

1. D　2. C　3. D　4. D　5. C　6. A

二、阅读后按逻辑关系排列顺序

　　DCAB

词语讲解与练习

四、练习

（二）选择适当的词语填空

1. 气度　2. 储备　3. 具有　4. 新鲜
5. 拥有　6. 新颖　7. 储存　8. 气质

（三）选择适当的四字词语填空

1. 信誓旦旦　2. 比比皆是　3. 难舍难分　4. 津津乐道
5. 崭露头角　6. 真心实意　7. 各奔东西　8. 两全其美

（四）为四字词语选择适当的位置

1. C　2. B　3. D　4. B　5. C　6. B

（七）下面每句话都画出了ABCD四个部分，请挑出有错误的部分

1. C　2. B　3. A　4. B　5. C

语法讲解与练习

二、练习

（一）选择适当的关联词填空

1. ……，为的是……　　2. ……，免得……

3. ……，借以……　　4. ……，用以……

5. ……，以便……

（三）按逻辑关系排列顺序

1. DCBA　　2. DBCA　　3. EDCBA　　4. CABDE

5. CAEDB/CADBE

修辞提示与练习

二、练习

指出下列问句属于疑问句、设问句还是反问句

1. 疑问句　　2. 设问句　　3. 设问句　　4. 反问句

5. 疑问句　　6. 反问句

12 心灵关怀

背景阅读与练习

一、限时阅读，按要求回答问题

判断正误

1. ✗　2. ✗　3. ✓　4. ✗　5. ✗

6. ✓　7. ✗　8. ✓　9. ✓　10. ✗

选择正确答案

1. D　2. D　3. A　4. A　5. A　6. B

二、阅读后按逻辑关系排列顺序

CBDAE

词语讲解与练习

四、练习

（二）选择适当的词语填空

    1. 奔腾   2. 蕴藏   3. 美妙   4. 聚集

    5. 汇集   6. 美好   7. 奔驰   8. 埋藏

（三）选择适当的四字词语填空

    1. 抖抖索索   2. 小心翼翼   3. 风平浪静

    4. 三山五岳   5. 兴致勃勃   6. 青筋暴跳

（四）为四字词语选择适当的位置

    1. C   2. C   3. B   4. A   5. B   6. D

（七）下面每句话都画出了 ABCD 四个部分，请挑出有错误的部分

    1. C   2. D   3. B   4. B

语法讲解与练习

二、练习

（一）选择适当的关联词填空

    而，都，为了，甚至，并，也，如果，那么

（三）按逻辑关系排列顺序

    1. CABD   2. DCAB   3. DBCA   4. ECABD

    5. BDAEC

修辞提示与练习

二、练习

（一）指出下列句中用的是哪种夸张，扩大、缩小还是超前

    1. 超前   2. 扩大   3. 缩小   4. 扩大   5. 超前

    6. 扩大   7. 超前

（二）指出下列句中分别使用了哪种修辞手法，比喻、拟人还是夸张

    1. 比喻   2. 夸张   3. 夸张   4. 比喻   5. 拟人

责任编辑：王轩 / 封面设计：张静

ROAD TO SUCCESS
A SERIES OF PROGRESSIVE CHINESE
TEXTBOOKS FOR FOREIGNERS

欢迎登录北京语言大学出版社网站
www.blcup.com